ADAC Reiseführer

Costa Brava

und Costa Daurada

Strände • Dörfer • Aussichtspunkte • Landschaften Kirchen und Klöster • Feste • Hotels • Restaurants

Die Top Tipps führen Sie zu den Highlights

von Elke Homburg und Thomas Staender

Intro

Costa Brava und Costa Daurada Impressionen 6

Katalonien und seine berühmten Küsten

Geschichte, Kunst, Kultur im Überblick 12

Auf den Spuren von Römern, Mauren und Christen in der Heimat von Miró, Gaudí und Dalí

Unterwegs

Nördliche Costa Brava – kühne Küste, karges Land 18

1 Figueres 19
2 Peralada 23
3 Capmany 23
Mas Beleta 24
4 Besalú 25
5 Roses 26
6 Castelló d'Empúries 29
7 Empúriabrava 30
8 Parc Natural Aiguamolls de L'Empordà 30
9 Cadaqués 31
Port Lligat 32
Cap de Creus 33
10 El Port de la Selva 34
11 Sant Pere de Rodes 35
12 Portbou 36
13 L'Escala und Empúries 38
14 L'Estartit und Illes Medes 41

Südliche Costa Brava – Sonne, Sand und schöne Strände 4

15 Girona 43
16 Poblat Ibèric 50
17 Peratallada 50
18 Pals 52
19 Begur 53
Aiguablava 54

20 **Palafrugell** 55
Platja de Tamariú 55
21 **Calella de Palafrugell** 56
22 **Palamós** 57
23 **Platja d'Aro** 58
24 **Sant Feliu de Guixols** 59
25 **Tossa de Mar** 61
26 **Lloret de Mar** 62
Ermita Santa Cristina 63
27 **Blanes** 64

Barcelona – Spaniens Tor zu Europa 67

28 **Barcelona** 67
Auf den Rambles zum Hafen 70
Barri Gòtic – La Ribera 74
Montjuïc 78
Eixample 79
Parc Güell 83

Barcelonas Umland – kleine Fluchten 89

29 **Sitges** 89
30 **Vilanova i la Geltrú** 92
31 **Sant Sadurní d'Anoia** 93
32 **Vilafranca del Penedès** 94
33 **Montserrat** 95

Costa Daurada – vergoldete Küste‹ und gebirgiges Hinterland 99

34 **Tarragona** 99
Archäologischer Spaziergang 100
Neustadt 104
35 **El Vendrell** 105
Arc de Berà 107
36 **Calafell** 107
37 **Altafulla** 108
Tamarit de Mar 108
Torredembarra 109
38 **Reus** 109
39 **Valls** 110
40 **Santes Creus** 111
41 **Montblanc** 113

42 Poblet 114
43 Salou 117
44 Cambrils 118
45 L'Ametlla de Mar 118
46 Tortosa 119
Miravet 121
47 Ebro-Delta 121
Deltebre 123
Laguna Escanyissada 123

Costa Brava und Costa Daurada Kaleidoskop

Malergenie und Meister der Selbstdarstellung 20
Fruchtige Rote und frische Weiße 24
Rundbögen und Kreuzrippengewölbe 37
Die Sephardim von Girona 47
Theater von Welt 71
Sardana – das Herz tanzt, der Kopf rechnet 79
Feuerwerk knallbunter Farben 81
Alles fließt – Jugendstil auf katalanisch 84
Spritziges Lieblingsgetränk der Katalanen 94
España war Hispania 106
Vom Geist des Zisterziensertums 113
Gegensätzliche Gaumenfreuden 129

Karten und Pläne

Costa Brava vordere Umschlagklappe
Costa Daurada hintere Umschlagklappe
Barcelona hintere Umschlagklappe
Girona 44
Barcelona: Catedral de Santa Eulàlia 76
Tarragona 100
Santes Creus 112
Poblet 116

Service

Costa Brava und Costa Daurada aktuell A bis Z 125

Vor Reiseantritt 125
Allgemeine Informationen 125
Anreise 127
Bank, Post, Telefon 127
Einkaufen 127
Essen und Trinken 128
Feste und Feiern 129
Klima und Reisezeit 132
Kultur live 132
Nachtleben 133
Sport 133
Sprache 134
Statistik 134
Unterkunft 134
Verkehrsmittel im Land 135

Sprachführer 136

Spanisch und Katalanisch für die Reise

Register 141

Impressum 143
Bildnachweis 143

Leserforum

Die Meinung unserer Leserinnen und Leser ist wichtig, daher freuen wir uns von Ihnen zu hören. Wenn Ihnen dieser Reiseführer gefällt, wenn Sie Hinweise zu den Inhalten haben – Ergänzungs- und Verbesserungsvorschläge, Tipps und Korrekturen –, dann kontaktieren Sie uns bitte:

Redaktion ADAC Reiseführer
Travel House Media GmbH
Grillparzerstr. 12, 81675 München
adac.reisefuehrer@travel-house-media.de

Costa Brava und Costa Daurada Impressionen

Katalonien und seine berühmten Küsten

Urlaub in Katalonien? Obwohl jährlich mehr als 17 Mio. Menschen die spanische Region besuchen, ist sie touristisch eine unbekannte Größe geblieben – im Gegensatz zu ihren Stränden! Zu Recht sind die Katalanen stolz auf 580 km Mittelmeerküste – im Norden zieht sich die felsige **Costa Brava**, die ›wilde Küste‹, von der französischen Grenze bis nach Blanes hin, im Süden lockt die **Costa Daurada**, die ›Goldküste‹, mit breiten und feinsandigen Stränden. Dazwischen liegt **Barcelona**, die katalanische Hauptstadt, die sich seit den 1990er-Jahren zu einer der aufregendsten Metropolen Europas entwickelt hat. Das Hinterland allerdings wartet noch auf seine Entdeckung.

Katalonien ist nicht Spanien

Die Region im äußersten Nordosten Spaniens umfasst knapp 32 000 km^2, ist damit ungefähr so groß wie Belgien, und wird von rund 7,2 Mio. Menschen bewohnt. Katalonien ist heute eine der 17 Autonomen Regionen innerhalb des Königreichs Spanien. Seine kulturelle Eigenständigkeit wurde 1979 mit einem Autonomiestatut gewürdigt, in dem den Katalanen das Recht auf eine eigene Landesregierung, die *Generalitat*, zugestanden wurde. **Català**, die katalanische Sprache ist seither neben *Castellano* (Kastilisch bzw. Spanisch) offizielle Landessprache. Das war nicht immer so. Bis zum Tod des Diktators Francisco Franco 1975 durfte die romanische Sprache, die große Ähnlichkeit mit dem Provenzalischen jenseits der Pyrenäen hat, nicht auf der Straße gesprochen werden. Heute hat sich dieses Extrem ins Gegenteil verkehrt: Zwar wird man dem spanisch sprechenden Touristen gern in *Castellano* antworten, aber über 2 Mio. kastilische Arbeitskräfte haben keinerlei wirtschaftliche Aufstiegschancen, wenn sie des Katalanischen nicht mächtig sind.

Oben: *Gelb-rot – katalanische Farben trägt sogar die Guàrdia Urbana*
Rechts oben: *Felsenküste bei Girona*
Rechts: *Parc Güell hoch über Barcelona*

Regionalstolz und Unterdrückung

Diese ›neue Arroganz‹ lässt sich nur aus einer Geschichte der jahrhundertelangen Unterdrückung verstehen. Als im Mittelalter der Süden Spaniens noch unter maurischer Herrschaft stand, waren die Katalanen bereits eine stolze *Seefahrernation* und beherrschten neben Venedig und Genua das Mittelmeer. Durch die Heirat Isabellas von Kastilien mit Ferdinand von Aragón 1469 verlagerte sich das Machtzentrum nach Kastilien, und für ein starkes Katalonien war kein Platz mehr. Zugunsten Sevillas wurde es sogar vom Handel mit der Neuen Welt ausgeschlossen.

Diese Schmach blieb unvergessen. Nach wie vor rivalisieren das kastillische Madrid und das katalanische Barcelona, versuchen, sich gegenseitig zu überbie-

ten. Zweimal im Jahr entladen sich die Emotionen in einer Schlacht – gottlob nur auf dem **Fußballfeld**. Die Duelle zwischen den berühmtesten spanischen Fußballclubs, *Real Madrid* und *FC Barcelona*, sind alljährlich ein Medienereignis, und wenn es ›Barca‹ gelingt, die Meisterehre nach Katalonien zu holen, verwandeln sich die Straßen dort in ein Meer rot-blauer Vereinsfahnen.

Seit Felipe II. 1571 Madrid zur spanischen Hauptstadt erklärte, konzentrierte sich die politische Macht im trockenen Landesinneren. Mit Barcelona ging es erst ab dem 19. Jh., dem Zeitalter der Industrialisierung, wirtschaftlich wieder bergauf. Der Aufschwung ließ die **Renaixença** folgen, eine Renaissance katalanischer Kultur. Seit dieser Zeit zeigte Katalonien wieder Selbstbewusstsein und demonstrierte Weltoffenheit. Barcelona gab sich ein neues Gesicht. Die europäische Strömung des Jugendstil konnte auf spanischem Boden nur in Katalonien, in einer sehr eigenen Variante, dem **Modernisme**, Fuß fassen. Der katalanische Architekt Antoni Gaudí erlangte Weltruhm, und bahnbrechende Erneuerer der Malerei im 20. Jh. wie Salvador Dalí, Joan Miró oder Antoni Tàpies waren Katalanen. In der Musikwelt hielten und halten der begnadete Cellist Pau (span. Pablo) Casals und die Opernstars Montserrat Caballé, die im Duett mit Freddie Mercury die Hymne für Olympia 1992

Links oben: *An den Buchten bei Calella de Palafrugell kennt man seine Nachbarn*
Links: *Fußballbegeisterung auf katalanisch*
Rechts oben: *Ob winzig oder monumental, Joan Mirós Werk, hier in seiner Fundació in Barcelona, ist offen für Interpretation*
Rechts: *Für die Ostfassade der Sagrada Familia wurde jeder Stein von Hand geformt*

zum Hit machte, sowie José Carreras die Flagge Kataloniens aufrecht. Überhaupt – seit Barcelona 1992 die 25. Olympischen Spiele der Neuzeit ausrichtete, weiß die Welt wieder, wo Katalonien liegt.

Tourismus – Sünden und Chancen

Die Kunde von der *Wilden Küste,* der Costa Brava, und ihr Versprechen von Sonne, Meer und **mediterranem Lebensgefühl** ließ die Nordeuropäer ab den späten 50er-Jahren des 20. Jh. nach Katalonien strömen. Wie so oft, hatten Künstler die Vorhut gebildet, die von der **Schönheit der Küste**, ihrem magischen Licht, den schroffen Felsbuchten und der reichen Vegetation schwärmten. Doch dann lautete die Devise ›Masse statt Klasse‹. Schnell und billig wurden die ersten **Hotelanlagen** hochgezogen. Sie brachten zwar harte Währung, zerstörten aber auch die Landschaft. Doch das fiel erst auf, als es an manchen Orten schon (fast) zu spät war. Die seelenlosen Urlaubsbun-

ker in Lloret de Mar oder Platja d'Aro, im Sommer aufgebläht zu wahren Großstädten mit lauten Diskotheken und Fast-Food-Läden, wirken im Winter wie Geisterstädte. Doch gibt es immer noch die ›andere‹ Costa Brava, denn glücklicherweise widersetzte sich die felsige Küste der totalen Verbauung. So blieb manch **verschwiegene Bucht** unversehrt, und noch gibt es Urlaubsorte, in denen der Tourismus neben traditionellen Erwerbszweigen seinen Platz gefunden hat.

Die Küstenlinie der Costa Daurada ist von anderem Charakter. *Daurada*, **vergoldet**, erscheinen im Sonnenlicht die langen, breiten und feinsandigen Strände, die sich von Calafell bis zum Ebro-Delta ziehen. Wo keine Felsen Einhalt geboten, konnte man hier, anders als im Norden, planlos bauen, und manch kleiner Fischerort wurde bis zur Unkenntlichkeit verschandelt. Dennoch haben sich Nischen erhalten, wie z. B. in Calafell. Und im kontrastreichen Landesinneren zwischen Pyrenäen, Mittelmeerküste und Ebro-Delta, erstreckt sich eine touristisch fast jungfräuliche Landschaft, Grundlage für ein neues Image. Jetzt ist es Zeit für eine **zweite Entdeckung** der katalanischen Küsten.

Land der Kontraste

Alter und Würde, Lebensfreude und Trendbewusstsein – in Katalonien sind das keine Gegensätze. In den **Provinzhauptstädten** Barcelona, Girona und Tarragona gibt es zwischen römischen Mauern und mittelalterlichen Palästen, den Jugendstilfantasien Antoni Gaudís und den Tempeln modernen Designs viel zu entdecken. Entlang der **Rambles**, der herrlichen platanengesäumten Flaniermeilen, lässt sich das Alltagsleben studieren. Nicht ganz so leicht zu finden ist der Weg zu den frühzeitlichen Dolmen, zu den kleinen romanischen Kirchen am Pyrenäenrand oder den mächtigen **Klöstern** von Poblet und Santes Creus, aber der Aufwand wird reich belohnt.

Auch die **landschaftliche Vielfalt** Kataloniens beeindruckt. Die Spannbreite reicht vom *Hochgebirge* der Pyrenäen bis zum *Delta des Ebro* mit seinem Geflecht von Gärten und Reisfeldern. Dazwischen liegen die Bergstöcke des *Katalanischen*

Gebirges, geformt von Wind und Wetter zu Gebilden, die kein Künstler fantasievoller hätte entwerfen können, sanfte Hügellandschaften und fruchtbare Ebenen.

Seny und Rauxa

Geschäftigkeit und Kopflastigkeit werfen die meist andalusischen Zuwanderer den Katalanen vor. Den Besucher aus dem kühlen Norden dagegen begeistert die südländische Lebensfreude.

Letztendlich ist es wohl ein ausgewogenes Verhältnis zwischen **Seny**, der Logik, dem gesunden Menschenverstand, und **Rauxa**, dem Überschwang, das dafür sorgt, dass Geschäftssinn und Lebenslust im Lot bleiben. Schließlich lebt man nicht, um zu arbeiten, sondern arbeitet, um es sich gut gehen zu lassen. Geschäfte macht man deshalb am besten bei einem guten Essen. Apropos Küche, die katalanische Küche, an sich deftig und bäuerlich, bezog ihren Esprit aus Frankreich wie im übrigen auch die Methode zur Schaumweinherstellung. Der **katalanische Sekt**, der *Cava*, ist wohlschmeckend, spritzig und zudem noch ein Verkaufsschlager – wer wagt da noch zu behaupten, dass Geschäftssinn und Lebensfreude Gegensätze seien?

Der Reiseführer

Der vorliegende Band stellt Costa Brava, Costa Daurada und Barcelona in **fünf Kapiteln** vor. Auf Höhepunkte bei Sehenswürdigkeiten, Hotels, Restaurants, Stränden etc. verweisen die **Top Tipps**. Den durchnummerierten Besichtigungspunkten sind **Praktische Hinweise** mit nützlichen Adressen angegliedert. **Übersichtskarten** und detaillierte **Stadtpläne** erleichtern die Orientierung. **Costa Brava und Costa Daurada aktuell A bis Z** informiert u.a. über Anreise, Essen und Trinken, Einkaufen, Kunst und Kultur, Unterkunft und Verkehrsmittel. Ein umfassender **Sprachführer** ist ebenfalls enthalten. Ein **Kaleidoskop** interessanter Kurzessays zu regionalspezifischen Themen rundet den Reiseführer ab.

Links oben: *Hochnebel steigen in der zauberhaften Sierra de Montserrat*
Links unten: *Blaue Stunde in Palamós*
Oben: *Ausdrucksstarker Kapitellschmuck ist ein Kennzeichen der Romanik*
Unten: *Um diese Fischsuppe auszulöffeln, braucht man schon übermenschlich guten Appetit*

Geschichte, Kunst, Kultur im Überblick

Auf den Spuren von Römern, Mauren und Christen in der Heimat von Miró, Gaudí und Dalí

ca. 2500 v. Chr. Dolmen und Grabstätten wie in Mas Beleta weisen auf eine Megalithkultur hin.

ab 7. Jh. Von Südspanien dehnt sich iberische Kultur und Zivilisation bis in die Region zwischen dem Ebro und den Pyrenäen aus. Phönizier pflegen rege Handelskontakte zur nördlichen Mittelmeerküste.

um 600 Ullastret wird zu einer der bedeutendsten iberischen Siedlungen. Griechische Händler gründen nahe dem heutigen L'Escala die Stadt Emporion (Empúries). Wachsender Einfluss der Karthager, die sich phönizische und griechische Handelsplätze an der iberischen Mittelmeerküste aneignen.

ab 400 Rom dehnt seinen Einflussbereich auf das heutige Nordspanien aus.

218–201 Im 2. Punischen Krieg zwischen Rom und Karthago siegen die Römer. Sie nehmen Gades in Besitz und machen Tarraco (Tarragona) zur Hauptstadt ihrer neuen Provinz Hispania Citerior.

um Christi Geburt Ganz Iberien steht unter römischer Herrschaft, es folgt eine tiefgreifende Romanisierung.

ab 409 n. Chr. Germanen wandern von Nordosten auf die iberische Halbinsel ein. Der westgotische Stamm der Alanen erobert das Gebiet des heutigen Katalonien.

ab 475 Franken verdrängen die Westgoten von der östlichen iberischen Mittelmeerküste. Die Goten weichen ins Landesinnere aus und erobern innerhalb weniger Jahre Hispania Romana, das ›römische Spanien‹.

579 Toledo wird Hauptstadt des westgotischen Reiches, das im Jahr 587 den römisch-katholischen Glauben zur Staatsreligion erklärt. Weitgehender Zerfall der römischen Kultur.

711 Der arabische Heerführer Tariq besiegt die Truppen des westgotischen Königs Roderich in Andalusien. Sein Eroberungszug bringt fast die gesamte Halbinsel unter maurische Herrschaft.

ab 722 Der maurische Siegeszug stößt auf Widerstand und endet in Tarraconensis (Tarragona). Beginn der christlichen Rückeroberung (Reconquista) von Nordspanien und den Pyrenäen aus.

785 Karl der Große erobert Girona. Zehn Jahre später verleibt er den Norden der iberischen Halbinsel als Marca Hispanica (Spanische Mark) seinem Fränkischen Reich ein.

801 Ludwig der Fromme, Sohn Karls des Großen, gewinnt Barcelona von den Arabern zurück.

875–895 Mehrere katalanische Grafschaften werden durch den Franken Guifré el Pilós (Wilfried der Behaarte) zusammengeführt, der 877 Graf von Barcelona und Girona wird.

988 Graf Borell II. vereint das Haus von Barcelona mit den restlichen katalonischen Grafschaften und wird vom Frankenreich unabhängig. Das neue Reich wird Catalunya genannt, die Bedeutung des Namens ist ungeklärt.

1137 Der Graf von Barcelona, Ramón Berenguer IV., lässt die Usatges (wörtlich: Gewohnheit) niederschreiben, die erste katalanische Gesetzessammlung. Die Heirat von Graf Ramón mit der Infantin Petronila von Aragón begründet das Königreich Aragón-Katalonien.

Karl der Große begann im 8. Jh. die Rückeroberung des christlichen Abendlandes

Für die Katholischen Könige entdeckte Christoph Kolumbus eine Neue Welt

1162 Adel und Klerus rufen in Barcelona als Interessensvertretung die katalanische Ständeversammlung Corts Catalanes ins Leben. 30 Jahre später nehmen erstmals Angehörige des Bürgertums an den Corts teil.

1229–45 Jaume I. der Eroberer, König von Aragón-Katalonien, unterwirft die Balearen und das Königreich Valencia.

ab 1282 Pere el Gran, König von Aragón-Katalonien erobert Sizilien und Neapel. Sein Reich entwickelt sich neben Venedig, Pisa und Genua zu einer der stärksten Handelsmächte im Mittelmeerraum, die Hafenstädte Barcelona und Tarragona blühen auf.

1289 Die katalanischen Stände gründen die Generalitat de Catalunya, um ihre Privilegien gegenüber der Krone von Aragón-Katalonien zu verteidigen.

1410 Mit dem Tod von Martín I. dem Humanen endet die Dynastie des Hauses von Barcelona im Königreich Aragón-Katalonien. Nachfolger wird das aragonische Haus Trastámara, womit katalonische Interessen in den Hintergrund treten.

1469 Ferdinand von Aragón (Fernando II.) heiratet Königin Isabella I. von Kastilien. Dadurch entsteht das Königreich Spanien, die Krone von Aragón-Katalonien fällt an Kastilien. Ferdinand und Isabella gehen als die »Katholischen Könige« (Los Reyes Católicos) in die Geschichte ein.

1492 Der Fall Granadas beendet die fast 800-jährige Geschichte arabischer Kultur in Spanien. – Die Katholischen Könige Isabella und Ferdindand weisen alle Juden aus ihrem Reich aus, die sich nicht zum christlichen Glauben bekehren.

1493 Nach der Rückkehr von seiner ersten Amerikareise wird Christoph Kolumbus von den Katholischen Königen in Barcelona empfangen. Nach der Entdeckung der Neuen Welt verlagert sich der spanische Seehandel vom Mittelmeer an den Atlantik nach Cádiz und Sevilla. Katalonien wird für fast 300 Jahre vom Überseehandel ausgeschlossen und so wirtschaftlich isoliert.

1516 Tod Ferdinands von Kastilien. Mit seinem Enkel Carlos I., Herzog von Burgund, kommen die Habsburger auf den spanischen Thron.

1519 Carlos I. wird als Karl V. zum Kaiser des Heiligen Römischen Reiches Deutscher Nation gekrönt. Er besucht im selben Jahr Barcelona, um die Usatges anzuerkennen.

1588 Die englische Flotte besiegt die spanische Armada. In der Folgezeit erlebt Spanien einen raschen politischen und wirtschaftlichen Niedergang.

1641–51 Felipe IV. regiert zentralistisch in Madrid, sein Minister Graf von Olivares unterdrückt das katalanische Volk. Es reagiert mit Unruhen und Erhebungen, die mit Waffengewalt niedergeschlagen werden.

1701–14 Im Spanischen Erbfolgekrieg sympathisiert Katalonien zunächst mit dem Bourbonen Felipe V. (Philip d'Anjou), unterstützt dann aber den späteren Verlierer, den Habsburger Erzherzog Karl von Österreich.

11. September 1714 Nach dreimonatiger Belagerung Barcelonas durch die Truppen Felipes V. ergibt sich die schwer zerstörte Stadt. Der Tag der Kapitulation wird zum katalanischen Nationalfeiertag. Felipe V. hebt die Usatges auf und entlässt die Generalitat. Spanisch wird Amtssprache.

1741 Unter den Bourbonen blühen Wirtschaft und Handel in Spanien auf. In Barcelona eröffnet die erste Textilfabrik.

1778 Ein Erlass von Carlos III. ermöglicht Katalonien den Zugang zum Amerika-Handel, durch den die katalanische Wirtschaft sehr bald eine Spitzenposition im Lande einnimmt.

1788 Manuel de Godoy, Minister von König Carlos IV., paktiert mit dem Nachbarland Frankreich. Nach einem Volksaufstand gegen Godoy marschiert Napoleon I. Bonaparte in Spanien ein. Seine Truppen besetzen u.a. Barcelona.

1808–14 Im Unabhängigkeitskrieg erheben sich die Spanier gegen Napoleon und siegen mit englischer Hilfe.

1812 Eine gesetzgebende Versammlung beschließt in Cádiz die erste spanische Verfassung.

1814 Mit Fernando VII. kehrt die Monarchie auf die iberische Halbinsel zurück. Der König regiert absolutistisch und erklärt die liberale Verfassung von 1812 für ungültig.

Mitte 19. Jh. Der erwachende katalanische Nationalismus führt zur sog. Renaixença (wörtlich: Wiedergeburt), einer Rückbesinnung auf die eigene Geschichte und Kultur.

1848 Eröffnung der ersten Eisenbahnlinie Spaniens: Barcelona–Mataró.

26. Juni 1852 In Barcelona wird Antoni Gaudí i Cornet geboren, der als Architekt zum bedeutendsten Vertreter des spanischen Jugendstils werden wird.

1873 Landesweite Aufstände republikanisch gesonnener Bürger führen zur Ausrufung der Ersten Spanischen Republik unter Emilio de Castelar, die jedoch nur bis 1874 besteht. In Katalonien scheitert der Reformer Pi i Margall mit seiner von föderalistischen Ideen geprägten Politik.

1888 Erstmals findet die Weltausstellung, auf der technische und kunsthandwerkliche Novitäten präsentiert werden, in Barcelona statt.

1891 Antoni Gaudí übernimmt in Barcelona die Arbeiten an der Kirche Sagrada Familia. Sie beschäftigen ihn bis zu seinem Tod 1926.

20. April 1893 Joan Miró wird in Barcelona geboren.

um 1900 Eine Welle von Arbeiterprotesten erschüttert die Industriestadt Barcelona, die als europäische Hochburg der Gewerkschaften (Sindicatos) sowie sozialistischer und anarchistischer Arbeiterbewegungen gilt.

11. Mai 1904 Salvador Dalí erblickt in Figueres das Licht der Welt.

1914 Barcelona, Girona, Lleida und Tarragona bilden die Mancomunitat Catalana. Bis zu seiner Auflösung 1925 verfolgt dieser politische Zusammenschluss das Ziel einer gemeinsamen Teilautonomie innerhalb Spaniens.

1923 König Alfonso XIII. übergibt die Macht an General Primo de Rivera. Dieser errichtet eine Militärdiktatur (1923–30) und bekämpft alle unabhängigen Kräfte Kataloniens.

1929 Zweite Weltausstellung in Barcelona auf dem Montjuïc.

1931 Bei den Kommunalwahlen siegen die Republikaner, Primo de Rivera muss abdanken. Eine liberale Verfassung legt den Grundstein für die 2. Spanische Republik.

1936–39 Der Spanische Bürgerkrieg wird zwischen der republikanischen Regierung Spaniens und den Putschisten unter General Francisco Franco ausgetragen. Er endet mit dem Sieg der Anhänger Francos und führt zu einer Diktatur, dem sog Franquismus.

1939–75 Während der Diktatur Francos wird die katalanische Kultur und Sprache systematisch unterdrückt.

1939–45 Spanien bleibt im Zweiten Weltkrieg – wie zuvor schon im Ersten – offiziell neutral. Zahlreiche Spanier sympathisieren jedoch mit dem NS-Regime und ziehen unter dem Namen »Blaue Division« an die Ostfront (1941/43).

1. April 1947 General Franco stimmt einem Referendum zu, das Spanien formal zur Monarchie erklärt. Erst 1969 ernennt der Diktator den Bourbonen Juan Carlos, Enkel Alfonsos XIII., zum Thronfolger und damit sozusagen zu seinem Erben.

1975 Tod Francisco Francos. Juan Carlos I. de Bourbon wird spanischer Köni und leitet zusammen m dem von ihm ernannte

Der Palau Nacional entstand für die erste Weltausstellung in Barcelona 1888

Franco kurz vor seinem Tod im November 1975 bei einer Militärparade – im Hintergrund sein designierter Nachfolger Juan Carlos

Ministerpräsidenten Adolfo Suárez González eine rasche Demokratisierung des Landes ein.

1977 Erste freie Wahlen zum spanischen Parlament. Die Generalitat de Catalunya kehrt als Regionalparlament ins Amt zurück.

29. Dezember 1978 Die neue Verfassung tritt in Kraft, Spanien wird parlamentarische Erbmonarchie.

1979 Katalonien und das Baskenland erhalten offiziell Autonomiestatus, was beiden Regionen eine begrenzte Selbstverwaltung ermöglicht.

1982 Spanien tritt der NATO bei.

1986 Spanien wird Mitglied der Europäischen Gemeinschaft.

1988 1000-Jahr-Feier Kataloniens.

1992 Die 25. Olympischen Sommerspiele werden in Barcelona und an der Costa Brava ausgetragen. – König Juan Carlos widerruft offiziell das vor 500 Jahren während der spanischen Inquisition erlassene Vertreibungsdekret gegen die Juden.

. Oktober 1997 Die spanische Infantin Cristina de Bourbon heiratet in der Kathedrale von Barcelona den baskischen Handballprofi Iñaki Urdangarin.

1999 Feierliche Wiedereröffnung des 1994 abgebrannten und von Grund auf restaurierten Gran Teatre del Liceu in Barcelona.

2002 Die spanische Regierung verbietet die Batasuna-Partei, die als politischer Arm der baskischen Separatistenorganisation ETA gilt.

2004 Barcelona richtet das 141-tägige internationale Forum Barcelona 2004 aus, das dem Gedanken- und Erfahrungsaustausch über die wichtigsten kulturellen und sozialen Herausforderungen zu Beginn des 21. Jh dient. In einem eigens dafür geschaffenen Stadtteil und in der ganzen Stadt gibt es Konferenzen und Veranstaltungen wie Theater, Tanz, Zirkus, Musik, Umzüge, Ausstellungen und Märkte.

18. Juni 2006 74 Prozent der Katalanen entscheiden sich in einem Referendum für eine größere Autonomie, u. a. soll die Region einen größeren Teil ihres Steueraufkommens behalten.

2007 Katalonien ist Gastland der Frankfurter Buchmesse.

2008 Nach Jahren des Baubooms brechen die Immobilienpreise, besonders entlang der Mittelmeerküste, in Spanien ein.

2009 1,3 Mio. Menschen haben seit 2008 ihren Job verloren. Die Arbeitslosenquote liegt bei 17,4%, die Jugendarbeitslosigkeit bei 32%, der höchste Wert in Europa.

2010 Im Januar übernimmt Spanien als erstes Land seit Inkrafttreten des Lissabonner Reformvertrages die rotierende EU-Ratspräsidentschaft. Das Land befindet sich weiterhin in einer tiefen Krise.

2012 Bei vorgezogenen Regionalwahlen unterliegt die nationalistische CiU von Regierungschef Artur Mas, die eine Abspaltung Kataloniens von Spanien anstrebt, deutlich.

2013 Fast 500.000 Katalonier bilden an ihrem Nationalfeiertag, dem 11. September, eine Menschenkette. über eine Gesamtlänge von mehr als 400 km. Sie demonstrieren für die Unabhängigkeit der Region.

2014 In einem von Madrid geduldeten Referendum stimmen die Katalonier über die Selbstbestimmung ihrer Region ab.

Kronprinz Felipe von Spanien und seine Frau Letizia 2006 bei einer Marinezeremonie

Unterwegs

Seit den Zeiten Dalís hat sich die Atmosphäre im hübschen Cadaqués kaum verändert

Nördliche Costa Brava – kühne Küste, karges Land

Costa Brava bedeutet *wilde Küste*, und der Name entspricht dem Charakter dieser Mittelmeerküste im Nordosten Spaniens. 214 km lang, reicht sie von Portbou im Norden bis Blanes an der Grenze zur Provinz Barcelona im Süden, das Mündungsgebiet des Flusses Ter teilt sie in eine nördliche und eine südliche Hälfte. Den Begriff Costa Brava prägte übrigens der katalanische Schriftsteller **Ferran Argullo**, dessen Namensschöpfung 1908 als geografische Bezeichnung eingeführt wurde. Zerklüftet ist das Relief der felsigen Costa Brava, als beschütze sie wie ein mächtiger Schild das Landesinnere vor den Kräften der Natur. *Garbí*, *Levante*, *Mediodia* und *Tramuntana* heißen die Winde, die im Sommer Kühle und im Winter Kälte bringen. Gemeinsam mit der Meeresbrandung formten sie über Jahrmillionen die felsigen Ufer und gruben zahlreiche Buchten ein.

Diese mit Naturschönheiten und gemäßigtem Klima gesegnete Küste hat zwei Gesichter. Das eine ist **rau** und **zerfurcht**, wirkt unnahbar. Die Steilküste im Norden um das *Cap de Creus* ist wild und windumtost, hier fühlt man sich den ungezähmten Elementen nahe. Gesäumt von schroffen Klippen, behütet sie ihre verborgenen, oft nur vom Wasser aus zugänglichen Buchten wie ein Geheimnis. Die andere Seite zeigt **sanfte, weiche Züge**, lockt zwischen El Port de la Selva und L'Estartit an kleine, weiße Strände oder bietet, etwa im Golf von Roses, geschützte Häfen.

In beiden Erscheinungsformen übt die Costa Brava eine geradezu magische Anziehungskraft aus, der Besucher bis heute erliegen. Entrückt vom **Zauber des Lichtes**, begeistert von der Mittelmeerflora, dem angenehmen Klima und wohl auch der guten Küche kamen im 19. und 20. Jh. Maler und Schriftsteller. Sie waren Touristen der frühen Stunde und suchten etwa in Cadaqués oder Port Lligat die Nähe zu Salvador Dalí, dem berühmten Sohn von Figueres.

Das Hinterland der nördlichen Costa Brava nimmt die Gebiete Alt Empordà sowie große Teile der Baix Empordà ein und geht in die Ausläufer der Pyrenäen über. Die **Empordà** verwöhnt mit dem ländlichen Charme des bäuerlichen Lebens und einem **kulturellen Reichtum**, der kosmopolitischer nicht sein könnte. Die Siedler früherer jahrhunderte waren Iberer, Phönizier, Karthager, Griechen und Römer. Sie schätzten die wirtschaftlichen Möglichkeiten und günstigen Lebensbedingungen in den fruchtbaren Tälern zwischen dem Hochland der Pyrenäen und den Schwemmlandgebieten der Küsten. Die archäologische Stätte von Empúries etwa macht die große Geschichte der 600-jährigen römischen Periode greifbar und lebendig.

Wie die in den Hügeln und Ebenen entlang der Costa Brava eingebetteten Dörfer liegen in dieser Region auch außergewöhnliche **Kunstschätze** verstreut. Die reichen Zeugnisse romanischer Baukunst finden im ehem. Benediktinerkloster von Sant Pere de Rodes einen kraftvollen künstlerischen Höhepunkt. Mittelalterliche Orte wie Besalú oder Castelló d'Empúries und die pastoralen Landstriche der Weinbauregion L'Albera vervollständigen das Erscheinungsbild dieser alten Kulturlandschaft. Hinweise auf bereits sehr frühe Besiedelung geben Megalithen wie beispielsweise in Mas Beleta. Auch **Naturliebhaber** kommen nicht zu kurz. Sie zieht es z. B. in den *Parc Natural Aiguamolls* oder zu den Tauch- und Schnorchelrevieren der Illes Medes vor L'Estartit.

1 Figueres

Brote an der Wand und Eier auf dem Dach – Dalís surrealistische Kapriolen.

Als die Westgoten im 4. Jh. den römischen Ort *Juncaria* eroberten, benannten sie ihn in *Ficaris* um. Im frühen Mittelalter gehörte er zum Machtbereich der Grafen von Besalú, denen es gar nicht gefiel, dass König Jaume I. Figueres 1267 **Stadtrechte** verlieh. Damit wurde der Ort selbstständig, woraufhin Graf Hugo IV. von Besalú ihn 1274 fast vollständig niederbrennen ließ. Der Wiederaufbau ging nur langsam voran. Erst im 18. Jh. war Figueres wieder zu einem nennenswerten Städtchen herangewachsen, das durch Getreide- und Weinanbau einigen Wohlstand erlangte. Als Bollwerk gegen das benachbarte Frankreich wurde 1743 im Nordwesten das sternförmige **Castell de Sant Ferran** mit seiner rund 5 km langen Umfassungsmauer errichtet.

Heute ist Figueres (40 000 Einw.) **Hauptstadt** der Provinz Alt Empordà und wirtschaftliches Zentrum der Region. Zudem nutzen zahlreiche Tagesbesucher aus Frankreich die günstigen Einkaufsmöglichkeiten und decken sich in dem Grenzort mit Kleidung und Lebensmitteln ein. Das historische Stadtbild ist geprägt von stattlichen großbürgerlichen Wohnhäusern aus dem 17.–19. Jh. Im Zentrum liegt die von Platanen gesäumte **Rambla**, ein kleiner länglicher Platz, um den sich Jugendstil-Gebäude reihen. Im Haus Nr. 10, dem *Hôtel Paris*, wurde 1982 das **Museu del Joguet** (Tel. 972 50 45 85, www.mjc.cat, Juni–Sept. Di–Sa 10–19, So/Fei. 11–18, Okt.–Mai Di–Sa 10–18, So/Fei. 11–14 Uhr) eingerichtet. Das Spielzeugmuseum zeigt mehr als 4000 Objekte, von Holzreifen und Schaukelpferden über Puppenstuben bis hin zu Dampfloks.

Teile dieser Sammlung sind in dem ebenfalls an der Rambla, im Haus Nr. 2, gelegenen **Museu de l'Empordà** (Tel. 972 50 23 05, www.museuemporda.org, Mai–Okt. Di–Sa 11–20, So/Fei. 11–14, Nov.–Apr. Di–Sa 11–19, So/Fei. 11–14 Uhr) zu sehen. Dieses Museum zeigt chronologisch Kunst und regionale archäologische Funde von der Vorgeschichte bis zu unserer Zeit mit einem besonderen Schwerpunkt auf katalanischer Malerei und Malerei von Empordà aus dem 19. und 20. Jh. Der Rundgang beginnt mit archäologischen Fundstücken aus Alt-Empordà vom Neolitikum bis zur Romanisierung, darunter eine Sammlung von persönlichem Schmuck, griechischen Keramiken, Skulpturen und Glasgefäßen. Es folgen die Epochen des Mittelalters und der Moderne: Gezeigt werden Kapitelle aus dem Kloster Saint Pere des Rodes und Werke aus der Sammlung des

Beifall für Dalí: Im Innenhof seines Teatre-Museu stehen goldfarbene Statuetten Spalier

Die Schöne und der Exzentriker – Dalí und Gala beim Knickerbocker-Ball 1952 in New York

Malergenie und Meister der Selbstdarstellung

Wer kennt ihn nicht, den Dandy mit dem gezwirbelten Schnurrbart und dem durchdringenden Blick? Salvador Dalí hat mit seinem Werk und mit seiner Persönlichkeit die Geschichte der modernen Kunst um ein bemerkenswertes Kapitel bereichtert.

Das künstlerische Talent des am 11. Mai 1904 in Figueres geborenen Salvador Dalí i Domènec offenbarte sich früh. Im Alter von 18 Jahren ging Dalí an die **Kunstakademie** in Madrid, wo die Begegnungen mit Luis Buñuel und Federico García Lorca von richtungweisender Bedeutung für den jungen Maler werden sollten. Auch die anschließend in Paris geknüpften Bekanntschaften mit Paul Éluard, Max Ernst und Pablo Picasso übten großen Einfluss auf ihn aus.

In den 1920er-Jahren kam es zur künstlerischen Zusammenarbeit mit Lorca, als Dalí das Bühnenbild zu dessen Drama ›Maria Pineda‹ schuf. Gemeinsam mit Buñuel schrieb er die Drehbücher zu den Filmen ›Un chien andalou‹ (1928) und ›L'age d'or‹ (1929), die zwei cineastische Höhepunkte des **Surrealismus** werden sollten.

Dalí wurde ein Hauptvertreter des Surrealismus der Pariser Schule, dem es um eine Anerkennung der absurden Welt des Traums ging. Die Surrealisten verstanden den Traum als eine der Vernunft überlegene Realität, die sie sichtbar machen wollten (vgl. ›Manifest des Surrealismus‹ von André Breton). Dalís häufigste Thematik wird dann auch die Welt des Traums, des Rauschs, des Fiebers und der Religion. Ab Ende der 1920er-Jahre entstanden Werke wie ›Der große Masturbator‹, ›Das Gespenst des Sex-Appeal‹ oder ›Die weichen Uhren‹. Er veröffentlichte dazu auch theoretische Schriften, die er ›Kritische Methode der Paranoia‹ nannte.

Im Sommer 1929 besuchten René Magritte, Paul Éluard und dessen Ehefrau Helena Diakonoff Dalí in Cadaqués. Die **Gala** genannte Dame faszinierte den exzentrischen katalanischen Maler. Auch sie war von ihm angezogen, verließ ihren Mann und heiratete Dalí im Oktober 1929. Gala wurde der ruhende Pol in Dalís unruhiger Künstlerseele und seine Muse, immer wieder malte er diese faszinierende Frau.

Während des Spanischen Bürgerkrieges lebten Dalí und Gala im Exil in Paris, 1940 emigrierten sie in die USA. Um 1941 wandte sich der Maler vom Surrealismus ab. Er widmete sich verstärkt der Porträtmalerei, entwarf daneben Bühnenbilder sowie Schmuck und schrieb seine Autobiografie ›Das geheime Leben des Salvador Dalí‹. 1948 kehrten er und Gala nach Spanien zurück. Sie ließen sich im kleinen **Port Lligat** bei Cadaqués nieder, das sich in der Folgezeit zu einem internationalen Künstlertreffpunkt entwickelte.

Ende der 1940er-Jahre wandte sich Dalí dem **Katholizismus** zu. 1949 entstand ›Die Madonna von Port Lligat‹, ein Bild, das sogar die Billigung des Papstes fand. Es entstanden Bilder wie ›Das Sakrament des letzten Abendmahles‹ (1955) oder ›Die Schlacht von Tetuan und Galacidalacidesoxyribonukleinsäure‹ (1962). Dabei blieb Dalí vielseitig: 1974 etwa schuf er das Hologramm ›Der Schäfer und die Sirene‹, 1976 erschien ›Die unaussprechlichen Bekenntnisse des Salvador Dalí‹, ein weiteres autobiografisches Buch.

Wiederholt äußerte Dalí Sympathien für das Franco-Regime, die 1975 in einem Telegramm gipfelten, in dem er Franco seinen Glückwunsch für die Hinrichtung von vier Antifaschisten aussprach und feststellte, es müsse noch viel mehr Exekutionen geben. Andererseits betonte Dalí oft, dass er sich nicht für Politik interessiere. Inwieweit es sich um gezielte Provokationen oder seine Meinung handelte, ist nicht eindeutig auszumachen. Dalí liebte es, sich selbst zu inszenieren und Skandale auszulösen. Seine Verehrung für den Diktator führte jedoch zu Kontroversen in der Bewertung seiner Person und Kunst.

Nach dem Tod Galas 1982 ließ sich Dalí wieder in Figueres nieder, wo er allein und zurückgezogen im Schloss Pubol lebte und am 25. Januar 1989 verstarb. Das dort bereits zu seinen Lebzeiten (1974) eingerichtete **Teatre-Museu Dalí** birgt heute einen Großteil seiner Werke. Ein zweites Museum wurde 1971 in den USA gegründet. Heute beherbergt das **Dalí-Museum** in St. Petersburg, Florida, 95 Ölgemälde. Dalí ist der einzige Künstler, für den es bereits zu Lebzeiten zwei Museen gab, die sich ausschließlich seinen Werken widmen.

Museo del Prado (Pierre Mignard, Anton Raphael Mengs, Francisco Herrera). In der zweiten Etage befindet sich eine Sammlung katalanischer Kunst von der Mitte des 19. Jh. bis zum Modernisme und den ersten Avantgardisten (z. B. Antoni Tàpies). Im dritten Obergeschoss werden schließlich zeitgenössische Gemälde von Künstlern aus Empordà und einige surrealistische Werke gezeigt.

Durch die Carrer de Sant Pere führt der Weg von der Rambla nordwestlich leicht bergan zur nahen **Plaça Gala-Salvador Dalí** mit dem spektakulären Museum des berühmten Surrealisten. Das TOP TIPP **Teatre-Museu Dalí** (Tel. 972 67 75 00, www.salvador-dali.org, Juli–Sept. tgl. 9–20, Einlass bis 19.15, Okt., März–Juni Di–So 9.30–18, Nov.–Feb. Di–So 10.30–18, Einlass bis 17.15 Uhr) hat es in sich – im wahrsten Sinne des Wortes. Dalí und die Gemeindeverwaltung hatten sich schon 1961 darauf geeinigt, das Werk des Künstlers im Rahmen eines Museums zu würdigen. Bereits in jungen Jahren hatte der Maler an einer Ausstellung im damaligen *Stadttheater* teilgenommen. Das 1849/50 errichtete Gebäude wurde 1939 während des Spanischen Bürgerkrieges von Francos Truppen zerstört. Dalí entschied, dass aus den Ruinen des Theaters sein Museum entstehen sollte, an dessen Konzeption er dann 13 Jahre lang arbeitete.

Der Torre de Galatea ist ein himbeerfarbener Blickfang in den Straßen von Figueres

Der neu gestaltete und beispielsweise um den *Torre de Galatea* erweiterte Theaterkomplex, der 1974 eröffnet wurde, trägt auch architektonisch die Handschrift seines Patrons. Die roten Außenwände des Gebäudes sind von gelblichen Brot-Reliefs überzogen, gleich einem Zinnenkranz säumen goldfarbene Statuen mit Baguettes und riesige, mannshohe Eier die Terrassen und das Dach. Angesichts solcher Kuriositäten ist die Neugier groß und tatsächlich ist ist das Teatre-Museu Dalí neben dem Prado in Madrid die heute meistbesuchte Kunstsammlung Spaniens.

Den wirkungsvollen Auftakt eines Rundganges bildet der schwarze Cadillac Dalís im **Innenhof** des Museums. Auf Einwurf einer Münze strömt Wasser aus dem Wageninneren. Hinter dem Auto erhebt sich eine riesige weibliche Figur, überragt von einem Pfahl mit übereinandergeschichteten Reifen, der wiederum von einem Schiff bekrönt wird. Im **Inneren** des Gebäudes betritt man zuerst den hufeisenförmigen einstigen Zuschauerraum, der seit 1998 von einer mächtigen geodätischen Glas-Aluminium-Kuppel überspannt wird. Nahe dem Eingang bezeichnet eine schmucklose Bodenplatte ohne Inschrift die Stelle, an der Dalí beigesetzt wurde. Die gesamte Rückwand des Saales nimmt ein abstraktes Porträt Galas ein.

Dalís Hommage an die Schauspielerin Mae West, das erste Sexsymbol Hollywoods

An zwei Seiten dieses zentralen, nach oben hin offenen Theaterraums führen spiralförmige Rampen zu den auf fünf Ebenen angelegten **Ausstellungsräumen** hinauf. Unter den Exponaten sind auch Werke anderer Künstler, etwa von El Greco oder Ernst Fuchs. Sie stammen aus der Privatsammlung Dalís und werden im *Saal der Meisterwerke* gezeigt. Im *Palast des Windes*, dem Rauchsalon des alten Theaters, ist das Deckengemälde von der Hand des Meisters bemerkenswert. Es stellt die Himmelfahrt zweier riesiger, menschlicher Gestalten dar, aus deren Oberkörper sich Schubladen öffnen. Der *Saal Fischmarkt* enthält mehrere bekannte Ölbilder Dalís, u. a. ›Weiches Selbstporträt mit Speck‹. Nicht minder sehenswert sind der *Schatzsaal* mit dem berühmten ›Brotkorb‹ und der *Saal Mae West*, in dem eine Wohnlandschaft so installiert wurde, dass sie sich aus einem bestimmten Blickwinkel als das Gesicht der Schauspielerin darstellt: zwei Bilder etwa werden zu ihren Augen, das Sofa zum Mund. In einem Anbau mit separatem Eingang sind die **Dalí-Joies** zu sehen, eine Juwelenausstellung mit Schmuckstücken, die Dalí 1941–70 entworfen hat.

i Praktische Hinweise

Information

Oficina de Turisme, Plaça del Sol, Figueres, Tel. 972 50 31 55 www.visitfigueres.cat

Hotel

*****Durán**, Carrer Lasauca 5, Figueres, Tel. 972 50 12 50, www.hotelduran.com. Zentral, unweit des Teatre-Museu Dalí gelegenes, stimmungsvolles Hotel mit liebenswert altmodischem Charme. Empfehlenswert ist das Restaurant mit gediegener katalanischer Küche.

****Hotel Rambla**, Carrer La Rambla 33, Figueres, Tel. 972 67 60 20, www.hotelrambla.net. Hotel mit komfortabel ausgestatteten Zimmern.

Restaurant

El Motel, Avda.Salvador Dalí i Domènech,170. Apt.Correus,32., Tel. 972 50 05 62, www.hotelemporda.com. Gehobenes Restaurant im Hotel Empordà. Chef Jaume Subirós steht für die neue katalanische Küche, einem Mix aus klassischen und internationalen Gerichten mit lokalen Zutaten.

Burgfräulein und Ritter auf den Zinnen? Leicht vorstellbar beim Schloss von Peralada

2 Peralada

Roulette in mittelalterlichem Palast.

Peralada (1600 Einwohner) bildet zusammen mit Vilamaniscle und Capmany das Kerngebiet der hügeligen **Weinbauregion** L'Albera. Aber der 6 km nordöstlich von Figueres gelegene Ort ist nicht nur für seine **Kellereien** bekannt, in denen etwa der ausgezeichnete *Blanc de Blancs* verkostet wird. Auch das **Casino** (www.casino-peralada.com, tgl. von 14–4 Uhr) zieht zahlreiche Gäste an. Es ist im höher gelegenen Ortsteil in einem wachturmgeschmückten *Renaissance-Schloss* aus dem 16./17. Jh. untergebracht (Besichtigung nur mit Führung (stdl.) Juli–15. Sept. tgl. 10–12 und 16–20, sonst Di–Sa 10–12 und 16.30–18.30, So 16.30–18.30 Uhr, Reservierung für Gruppen: Tel. 972 53 81 25). Es ging aus einem Kastell des 14. Jh. hervor und liegt wunderschön von Parkanlagen umgeben. Im Juli und August bildet es die Kulisse für das **Festival de Música** (www.festivalperalada.com), ein internationales Festival klassischer und zeitgenössischer Musik.

Innerhalb der Schlossanlage befinden sich auch Kloster und Kirche **Mare de Déu del Carme**, deren hoch aufragende Dachkonstruktion als feines Beispiel katalanischer Gotik gilt. Nicht minder interessant ist das im Keller eingerichtete **Museu del Vi**, das über die regionalen Weine und ihre Herstellung berichtet.

i Praktische Hinweise

Restaurant

Bar Obra Social, Carrer de Sant Joan 23, Peralada, gegenüber dem Schlosseingang, Tel. 972 53 82 63. Das äußerlich unscheinbare Lokal wartet mit barocken Portionen der regionalen Spezialität *Pa amb tomaquet*, Röstbrot mit darauf zerriebener Tomate, auf. (Mo geschl.).

3 Capmany

Wo Zapfhähne Geschichte schreiben.

Ein Abstecher in das Dörfchen Capmany lohnt vor allem wegen der **Weinkellerei Oliveda** (La Roca 3, Voranmeldung bei Señor Freixa, Tel. 972 54 90 12). Die Familienchronik des 1764 von Josep Privat gegründeten Weingutes spiegelt auch einen Teil der Geschichte des L'Albera wieder. Der heutige Name des Winzerbetriebes geht auf Josep Oliveda i Casanoa zurück, der zusammen mit seiner Frau Joana Rigau i Ros in der ersten Hälfte des 20. Jh. die moderne Ära des Winzerbetriebes einläutete. Das Sortiment umfasst mehrfach prämierte Weine aus dem Hause Oliveda und Sekt (*Cava*) der Marke Freixa-Rigau. Greifbar wird die traditionsreiche Geschichte der Familie bei einer **Führung** durch die alten Weinkeller und die kleine, liebevoll präsentierte Ausstellung im **Museu de les Aixetes** (www.

Fruchtige Rote und frische Weiße

Die Höhenzüge der **Serra de l'Albera** erstrecken sich nördlich von Figueres entlang der Grenze zu Frankreich. Das Klima ist mild und eignet sich gut für den Weinanbau, den Phönizier und Römer bereits in vorchristlicher Zeit hier einführten. Auf terrassierten Parzellen setzten später u. a. Mönche des Klosters Sant Pere de Rodes diese Tradition fort. **Weinanbau** und **-handel** bildeten die wirtschaftliche Grundlage vieler Orte in dieser Region, bis im 19. Jh. eine Reblausplage die Anbauflächen heimsuchte. Heute bringt die L'Albera auf ca. 5000 ha wieder einige hervorragende und nicht nur in Katalonien bekannte Weine hervor, überwiegend **Cuvées**.

Aus der Garnatxatraube gewinnt man derben, frisch-fruchtigen Rosé, aus Carinyenareben herbe Rotweine. Weiße Macabeuarten schmecken gekeltert neutral bis duftig, und Xarelo wird bevorzugt für die Herstellung von Schaumwein genutzt. Man sollte diese Weine am besten vor Ort genießen, da sie recht schnell ihre Geschmacksnote verlieren.

grupoliveda.com, Mo–Sa 9–13 und 15–18 Uhr) schmücken Tausende von Zapfhähnen, sog. *Spünde*, die Wände. Manche der eingravierten Zeichen lassen erkennen, dass sie aus Klosterkellereien stammen. Die ausgestellten Destillierapparate vermitteln anschaulich und eindrucksvoll die technische Entwicklung der hohen Kunst, guten Wein zu keltern.

Ausflüge

Die Megalithstätte **Mas Beleta** mit ihren Hünengräbern ist eine von mehreren prähistorischen **Dolmensetzungen** in der Nähe von Capmany. Fährt man von der Carretera Nacional 2 in Richtung Cantallops, zweigt nach ca. 2 km rechts eine staubige Piste ab. Nach weiteren 1,5 km sind die Megalithen erreicht. Sie liegen über eine größere Fläche zerstreut.

Außerhalb der Weinberge scheint die L'Albera wie geschaffen für ausgedehnte Spaziergänge und Wanderungen, vor allem, wenn im Frühjahr die Natur grünt und blüht

Geradezu pastoral wirkt ringsum die mediterrane Landschaft des **L'Albera**, und in der Tat sind Schaf- oder Ziegenherden hier keine Seltenheit. Gebiete mit trockenen Böden und sparsamer Vegetation, wo Olivenbäume, Stein- und Korkeichen wachsen, wechseln sich ab mit Zonen, die von dichter Macchia, Kräutern, Ginster und Zistrosen überzogen sind. Im Frühjahr blüht üppiger Rosmarin, und man kann schöne Plätze für ein Picknick finden.

4 Besalú

TOP TIPP *Befestigtes Bergdorf mit mittelalterlichem Charme, ehemalige Residenz von Wilfried dem Behaarten.*

Etwa 30 km westlich von Figueres, am östlichen Rand der vulkanischen Landschaft **Garrotxa** liegt das mittelalterliche Städtchen Besalú. Der besondere Reiz des Ortes gründet auf seiner malerischen Lage an einer Bruchkante des Río Fluvià. Die landschaftliche Kulisse bilden die bis in den Frühsommer schneebedeckten Höhenzüge der Pyrenäen. An strategisch günstiger Stelle wurde Besalú im Jahre 812 als gräfliche Residenz von Wilfried dem Behaarten erbaut.

Die Weinlese ist größtenteils Handarbeit, da ist jede Hilfe willkommen

Das historische Zentrum des Ortes steht unter Denkmalschutz. Als suchten sie noch heute Schutz vor Angriffen, drängen sich die Häuser um einen Hügel, auf dessen Höhe die Ruinen der romanischen Kathedrale **Santa María** thronen. Wahrzeichen von Besalú ist die steinerne **Pont Fortifikat**. Diese ›befestigte Brücke‹ aus dem 12. Jh., auch *Pont Vell* oder ›alte Brücke‹ genannt, überspannt in kühnem Bogen den Río Fluvià, der östlich an dem Ort vorbeifließt. Von hier aus bietet sich das schönste Stadtpanorama. Die Brücke mit ihren mächtigen Wehrtürmen war im Mittelalter Teil der Verteidigungsanlage und stellte den einzigen Zugang nach Besalú dar. Beim mittleren Brückenpfeiler knickt das Bauwerk seitlich etwas ein, es führt also in einem leichten Winkel über den Fluss. In dessen Bett sind noch Reste von Pfeilerfundamenten zu sehen, die vermutlich auf römische Zeit zurückgehen.

Von der Stadtseite der Pont Fortifikat gelangt man durch den Carrer del Pont zur *Miqwé*. Als einzig erhaltenes **jüdisches Badehaus** in Spanien ist es von historischer Bedeutung. Wie in Girona lebte auch in Besalú die jüdische Gemeinde in ihrem eigenen Viertel **El Call**,

bis sie 1492 aus Spanien vertrieben wurde. Von einer Mitte des 13. Jh. errichteten Synagoge ist heute nicht einmal mehr der einstige Standort bekannt.

Eine beschauliche Atmosphäre zeichnet die zentrale **Plaça Major** aus, die von schönen Gebäuden aus dem 16. Jh. eingerahmt wird. Von einem der Cafés unter den Arkaden des Platzes kann man das Ambiente betrachten und sich in die alte Zeit zurückversetzen, als hier geschäftiges Marktleben herrschte. Einige Schritte südwestlich erhebt sich am gleichnamigen Platz die Kirche **Sant Pere** aus dem frühen 11. Jh. Sie war Teil eines 977 gegründeten Benediktinerklosters, das Anfang des 19. Jh. zerstört wurde. Die schlichte Westfassade zeichnet sich durch zwei plastische Löwenfiguren aus, die ein Rundbogenfenster flankieren.

i Praktische Hinweise

Information

Oficina de Turisme Besalú,
Pont 1, Besalú,
Tel. 972 59 12 40,
www.besalu.cat

Restaurant

Pont Vell, Carrer Pont Vell 24, Besalú, Tel. 972 59 10 27. Das Lokal in pittoresker Lage mit kleiner Terrasse auf drei Ebenen an der romantischen Brücke bietet herzhafte Spezialitäten der Bergregion, z. B. *Mongetes amb botifarra* (Schweinswürste mit weißen Bohnen).

5 Roses

Skipper und Sportler begeistern der Naturhafen und die Wassersportmöglichkeiten

Dank ihrer günstigen Lage im Norden des *Golfo de Roses* wurde die Stadt zum größten Ferienort der nördlichen Costa Brava. Urlaubsgäste genießen die kilometerlangen, breiten **Sandstrände**, die sich südwestlich hinziehen. Die ruhigen Gewässer der Bucht locken vor allem Segler an, weiter draußen erkunden Taucher die Unterwasserwelt des Mittelmeers. Den Küstenstreifen hat sich der Massentourismus mit einer hohen Konzentration von Hotels, Apartmenthäusern und zahlreichen Ur-

Links: *Mit Blick auf die hübsche Pont Vell ist eine Rast in Besalú noch mal so schön. Bereits die Römer hatten an dieser Stelle eine Brücke über den hier meist seichten Río Fluvià gebaut*
Unten: *Auf Eis gelegt – fangfrische Meerestiere sehen ihrer Bestimmung entgegen*

laubseinrichtungen von Souvenirläden bis Segelschulen erobert. In Roses leben knapp 12 000 Einwohner, während der sommerlichen Hauptsaison steigt die Zahl um das Sieben- bis Achtfache.

Im Norden reicht der Gebirgszug der *Serra de Roda* bis zur Halbinsel *Cap de Creus*. Östlich von Roses fällt er zur Felsenküste hin ab, die herrliche Buchten freigibt. An ihren Hängen wurden zahlreiche Ferienhäuser und -wohnungen gebaut, denn von hier aus genießt man den Blick aufs Meer sowie die häufig spektakulären **Sonnenuntergänge**.

Der Name Roses erinnert an griechische Siedler aus Rhodos, die sich ab dem 5. Jh. v. Chr. hier niederließen und ihre Kolonie *Rhode* nannten. Im 2. Jh. v. Chr. eroberten die Römer den Ort. Er entwickelte sich rasch zu einer geschäftigen Handelsstadt, vor allem dank des natürlichen **Hafens**. Im Mittelalter avancierte Roses zu einem wichtigen Stützpunkt der katalanischen Kriegsflotte, und im 15.–17. Jh. stachen von hier aus Kataloniens Handelsschiffe in See. Noch heute liegt in Roses die größte **Fischfangflotte** der Costa Brava, die für die Stadt von großer wirtschaftlicher Bedeutung ist.

Zum Schutz des Hafens ließ König Carlos I. im 16. Jh. auf einem westlich an die Altstadt grenzenden Hügel die Festung **Ciutadella** (Te. 972 151 466, www.roses.cat, 15. Juni–15. Sept. tgl. 10–20, sonst Di.–So. 10–18 Uhr) errichten. Die monumentale, sternförmige Anlage wurde 1814 von französischen Besatzungstruppen zerstört. Erhalten blieben drei Bastionen sowie das Ausfalltor *Porta de Mar*. Seit 2004 befindet sich in der Festung ein sehenswertes stadthistorisches Museum.

Eng umschließen die Gebäude der Stadt das perfekte Halbrund der Bucht von Roses

Auf einer Erhebung südöstlich des Hafens wurde im 17. Jh. die Burg **Castillo de Trinidad** errichtet. Sie zerfiel im Laufe der Jahrhunderte, sodass heute nur noch Ruinen zu sehen sind. Der Aufstieg lohnt sich trotzdem, denn vom auf der Spitze des Hügels gelegenen **Mirador del Puig Rom** genießt man einen herrlichen Ausblick über Roses, seinen Hafen und die lang gestreckte Bucht. In der Nähe der Aussichtsplattform kann man einige Steinfundamente ausmachen, magere Reste der westgotischen Siedlung *Poblat visigòtic de Puig Rom* aus dem 7. Jh.

Zwischen beiden Festungsruinen liegt die **Altstadt**. Ihre engen, kopfsteingepflasterten Gassen werden zum Meer hin von der **Strandpromenade** begrenzt. Diese Avinguda de Rhodes verläuft entlang der vier, rund 45 m breiten, hellen Sandstrände, die Roses innerhalb der Stadt zu bieten hat. Im Nordosten liegt die etwas schmalere, 450 m lange *Platja La Perola*, jenseits der Hafenanlagen schließt sich auf 650 m die **Platja del Rastell** an. Bereits außerhalb der Altstadt erstrecken sich die beiden je 700 m langen Strände *Platja de Salatar* und *Platja Santa Margarida*.

TOP TIPP

Nahe ihres östlichen Endes weitet sich die Strandpromenade zur *Plaça de Catalunya*, von der aus man gemütlich die abendlichen Flaneure beobachten kann. In der Nähe bieten in der *Carrer Cap Norfeu* Restaurants Fangfrisches vom Tage, unter anderem eine Vielfalt an Krustentieren.

i Praktische Hinweise

Information

Oficina de Turisme, Avinguda de Rhode 77–79, Roses, Tel. 902 10 36 36, www.roses.cat

Hotels

*******Vistabella**, Avinguda Diaz Pacheco 26–30, Cala Canyelles Petites, östl. von Roses, Tel. 972 25 62 00, www.vistabellahotel.com.
Das Vistabella war das erste Fünf-Sterne-Hotel an der nördlichen Costa Brava in Girona. Das Luxushotel liegt in reizvoller Lage über dem Strand, umgeben von einem Garten. Mitte Okt.–Ende April geschl.

******Almadraba Park**, Platja d'Almadraba, 4 km südöstl. von Roses, Tel. 972 25 65 50, Fax 972 25 67 50, www.almadrabapark.com. Ruhig gelegenes Haus an kleiner, sandiger Bucht, mit einer prachtvollen Aussicht und direktem Zugang zum Strand. Tennis- und Minigolfplatz (Mitte Okt.–Anfang April geschl.).

***Marina**, Avinguda Rhode 81/83, Roses, Tel. 972 25 62 78. Freundliches Altstadthotel in schöner Lage und in unmittelbarer Nähe zum Strand.

Restaurants

Flor de Lis, Carrer Cosconilles 47, Roses, Tel. 972 25 43 16, www.flor-de-lis.com. Versteckt gelegenes Restaurant eines deutschen Ehepaares. Spitzenküche mit Schwerpunkten auf Fisch und Meeresfrüchten. Tischreservierung wird empfohlen.

La Volta, Calle Puig Rom 22, Roses, Tel. 972 25 35 94. Zentral gelegenes Bar-Restaurant mit regionaler, mediterraner Küche und ausgezeichneten Tapas. Alle zwei Tage mit frischen Fischgerichten auf der Karte, tgl. von 11 Uhr bis Mitternacht geöffnet.

6 Castelló d'Empúries

Kleiner Ort mit großer Kathedrale.

Eine Stadtmauer umgibt das mittelalterliche Zentrum des kleinen Ortes mit seinen engen Gassen und von Arkaden gesäumten Plätzen. Aus einer römischen Gründung hervorgegangen, war die Siedlung bereits im 8. Jh. Bischofssitz. Im 11. Jh. erhoben die Grafen von Empuries den Ort zu ihrer **Residenz**. Die darauf folgende rege Bautätigkeit begründete einen wirtschaftlichen Aufschwung. An diese Glanzzeit von Castelló d'Empuries erinnern noch heute jedes Jahr am 11. September die Festspiele **Terra de Trobadors** (Land der Troubadoure) mit einem Umzug in historischen Kostümen. Die passende Kulisse dazu bietet die siebenbogige Brücke *Pont Vell* (14. Jh.) über den Río Muga.

Beherrscht wird die Altstadt von der **Basilica Santa Maria**, die für die bescheidene Größe des Ortes überdimensioniert scheint. Die sog. *Kathedrale von Empordà* ist nach der von Girona die zweitgrößte im Nordosten Kataloniens. Sie wurde im 14./15. Jh. unter Einbeziehung einer Vorgängerkirche aus dem 11. Jh. errichtet und vereint romanische und gotische Elemente. Am mächtigen Baukörper des dreischiffigen Gotteshauses setzen der arkadengeschmückte Turm und die **Westfassade** kraftvolle Akzente. Besonders reich gestaltet sind das *Tympanon* mit Figuren der Muttergottes und einer Anbetung der Heiligen Drei Könige sowie das von Sandsteinskulpturen der 12 Apostel flankierte *Gewändeportal*.

Das gotische **Innere** der Basilika beeindruckt durch das breite, gedrungen wirkende Mittelschiff, das in eine Choranlage mit dreifacher Apsis mündet. Von der Ausstattung verdient der alabasterne *Altaraufsatz* aus dem späten 15. Jh. besondere Erwähnung. Im Mittelpunkt des Retabels steht eine Muttergottesfigur, die von Reliefs mit Darstellungen aus dem Leben Jesu umgeben ist.

i Praktische Hinweise

Information

Oficina de Turisme, Sant Francesc, 5–7 (Ecomuseu-Farinera), 17486 Castelló d'Empúries, Tel. 972 15 62 33, www.castelloempuriabrava.com

Apostel mit Hut, zu sehen am Säulenportal der Basilica Santa Maria

Hotel

**Canet, Plaça Joc de la Pilota 2, Castelló d'Empúries, Tel. 972 25 03 40, Fax 972 25 06 07, www.hotelcanet.com. Angenehmes, zentral gelegenes Hotel.

7 Empúriabrava

Lagunenstadt im Naturschutzgebiet.

Die Feriensiedlung am Golf von Roses entstand 1967. Unterschiedliche Eindrücke drängen sich auf während einer Rundfahrt durch die von **Kanälen** mit einer Gesamtlänge von 30 km durchzogene **Marinasiedlung**. Einerseits ist die Struktur originell, da die Straßen entlang des Kanalrasters verlaufen und sich neben vielen Haustüren Bootsanlegestellen befinden. Andererseits wirkt das urbane Gebilde recht künstlich. Zudem liegt die Lagunenenklave mitten im Naturschutzgebiet Aiuguamolls [Nr. 8], dessen ökologisches Gleichgewicht durch die Abwässer aus Empúriabrava bedroht ist. Die Feriengäste schätzen aber die unmittelbare Nähe zum Meer und das reiche Wassersportangebot, wie es etwa der *Club Nautic* mit Sprungturm, Tauch- und Schnorchelschule bietet.

Per Boot zu Reitstall oder Flughafen – in Empúriabrava durchaus üblich

Pferdeflüsterer? – Idyllische Weiden am Rande des Naturparks Aiguamolls

i Praktische Hinweise

Information

Oficina de Turisme, Av. Pompeu Fabra S/N, Empúriabrava, Tel. 972 45 08 02, www.castelloempuriabrava.com

8 Parc Natural Aiguamolls de L'Empordà

Heimat zahlloser Fische, Vögel und Reptilien.

Südwestlich von Roses fassen die beiden Flüsse Muga und Fluvià mit ihren Haupt- und Nebenläufen ein flaches, weit verzweigtes Mündungsgebiet ein, das Aiguamolls, ›seichte Wasser‹, genannt wird. Schon im 18. Jh. begann im Rahmen der Ausdehnung landwirtschaftlicher Nutzflächen die Entwässerung. 1983 wurde der Parc Natural Aiguamolls de L'Empordà eingerichtet, der knapp 4800 ha des Deltas unter **Naturschutz** stellt, davon ca. 900 ha besonders schützenswerte Sumpfgebiete. Auf ausgeschilderten **Wanderpfaden** lassen sich Teile des Parks erkunden, etwa auf einem ca. 6 km langen Rundweg vom Besucherzentrum zum Strand und zurück. Dieses Informationszentrum **El Cortalet** (Tel. 972 45 42 22, www.gencat.cat, tgl. 9–14 und 16–19 Uhr) liegt am Eingang zum *Parc Natural* an der Straße zwischen Castelló d'Empúries und Sant Pere Pescador. Es hält Publikationen zum Naturpark und Wanderkarten bereit.

Die Ablagerungen der beiden Flüsse haben ein **Schwemmlandgebiet** mit unterschiedlichsten ökologischen Lebensräumen entstehen lassen. Einstige Flussarme weiteten sich zu kleinen, über Kanäle miteinander verbundenen Seen. Mit der Zeit verlandeten viele dieser Wasserflächen und bildeten **Brackwassersümpfe**, die je nach Gezeitenwechsel umliegende Wiesen und Pferdeweiden überfluten. Hier leben zahlreiche Vogelarten, Iltisse und Wasserschildkröten. An der Küste zieht sich zwischen den Flussmündungen ein Gürtel von **Sanddünen** entlang. Viele Zugvögel brüten im Frühjahr und rasten im Herbst in den Aiguamolls, unter ihnen Kraniche, Reiher und Störche. Gute Gelegenheiten zur Vogelbeobachtung bieten die eigens dafür errichteten Hochstände im Nationalpark. Vor allem in den kühleren Morgen- und Abendstunden entfaltet sich die Naturschönheit des Parks.

9 Cadaqués

Picasso, Matisse, Miró, Dalí – das einstige Fischerdorf erlangte Weltruhm.

Weiße, meist einstöckige Häuser sind entlang der überschaubaren *Badia de Cadaqués* rings um einen kleinen Hafen nah ans Wasser gebaut. Sie werden von den grünen Hügeln oberhalb des Städtchens wie ein kostbares Collier eingefasst. Für viele Besucher ist Cadaqués einer der schönsten Orte an der Costa Brava, nimmt doch in der Bucht die *wilde Küste* eher sanfte Züge an. Das ruhige, glitzernde Wasser und das milde Sonnenlicht üben hier besondere Anziehungskraft aus, der Anfang des 20. Jh. viele **Maler** und **Schriftsteller** erlagen. Pablo Picasso, Federico García Lorca, Henri Matisse und Max Ernst gehörten ebenso dazu wie die Surrealisten um André Breton, Paul Éluard und Marcel Duchamp. Ihnen folgten in späteren Jahrzehnten Berühmtheiten wie Gabriel García Márquez und Mick Jagger, in deren Fußstapfen noch heute viele Künstler und VIPs Cadaqués besuchen.

Einer aber war schon seit seinen Jugendtagen in dieser Gegend beheimatet und ließ sich 1948 mit seiner Frau im benachbarten Port Lligat nieder: **Salvador Dalí**. Er setzte sich nachdrücklich dafür ein, den malerischen Fischerort vor Bausünden zu bewahren. Nicht zuletzt seinem Engagement ist es zu verdanken, dass Cadaqués die tiefgreifenden strukturellen Veränderungen an der Costa Brava weitgehend unbeschadet überstanden hat. Zum Dank dafür hat die Gemeinde Dalí an der Uferpromenade

Über die friedliche Bucht von Cadaqués wacht der Kirchturm von Santa Maria

Unverkennbar weist das Ei auf Dalí, den einstigen Besitzer des Hauses in Port Lligat

ein Denkmal errichtet, das den Maler auf einer Bank in lässig zurückgelehnter Haltung zeigt. Der Charme eines von Künstlerdasein und alternativem Lebensstil durchwehten Ortes mischt sich mit unvermeidlicher Kommerzialisierung. Gute Galerien, schrille Boutiquen und eine exzellente Gastronomie bietet Cadaqués allemal. Von der **Uferpromenade** entlang des felsigen Strandes fällt der Blick auf einige extravagante Privatvillen, die Merkmale des Modernisme zeigen und eine Ahnung vom mondänen Selbstverständnis des Städtchens vermitteln. Über den Dächern erhebt sich die **Iglesia Parroquial de Santa Maria**, die wuchtig wirkende Pfarrkirche aus dem 17. Jh. In ihrem Inneren kann man eine barocke *Orgel* sowie einen geschnitzten *Altar* von 1727 besichtigen.

Für einen Rundgang durch Cadaqués empfiehlt sich festes Schuhwerk, denn es geht über Treppen und Rampen aus Schiefergestein auf und ab.

In der Carrer Narcis Monturiol 15 stellt das **Museu de Cadaqués** (Tel. 972 25 88 77, Mo.–Sa. 10–13.30 und 16–20 Uhr) das Leben Salvador Dalís in den Mittelpunkt. Zahlreiche Fotos, Briefe und Manuskripte von ihm sowie Arbeiten von Künstlerkollegen vermitteln ein vielschichtiges Bild von seiner Persönlichkeit und seinem Genius.

Port Lligat

Das einstige Fischerdorf in der nördlichen Nachbarbucht von Cadaqués ist wie Figueres und Púbol Station der **Ruta daliana**, auf der Dalí-Fans und Kunstfreunde den Spuren des Meisters in seinem Heimatland folgen. In Port Lligat wohnten Dalí und seine Frau von 1948 bis zum Tod Galas 1982. In den 1930er-Jahren hatten die beiden hier an einem kleinen Kiesstrand drei dicht beieinander liegende Fischerhäuser gekauft, die sie zu ihrem von weißen Betoneiern bekrönten Domizil umgestalteten. In dem ehem. Wohnkomplex befindet sich die **Casa-Museu Dalí** (www.salvador-dali.org, Tel. 972 25 10 15, 15. Juni–15. Sept. tgl. 9.30–21, 12. Feb.–14. Juni und 16. Sept.–31. Dez. Di–So 10.30–18 Uhr, Einlass bis 50 Min. vor Schließung, 7. Jan.–11. Feb. geschl., Voran-

Herber Charme kennzeichnet die raue Landschaft um das Cap de Creus

meldung obligatorisch, da jeweils max. 8 Pers. in 15-Minuten-Intervallen eingelassen werden). Atelier, Bibliothek und Privaträume sind größtenteils noch original ausgestattet, auch der Garten ist zu besichtigen. Das Museum verwaltet – wie das Teatre-Museu in Figueres und die Casa-Museu Castell Gala Dalí in Púbol – die Stiftung *Fundación Gala i Salvador Dalí*, die der Maler zusammen mit der Madrider Regierung zu seinen Erben bestimmt hatte.

TOP TIPP Cap de Creus

Das felsige, meerumtoste Cap de Creus liegt 11 km nordöstlich von Cadaqués. Abgesehen von einem besser ausgebauten Streckenabschnitt bei Port Lligat zieht sich nur eine schmale Straße zum östlichsten Punkt Festlandspaniens. In einer etwa 1,5 Std. dauernden Wanderung kann man das Kap von Cadaqués aus auch zu Fuß über einen Küstenpfad erreichen. Am Ziel wartet eine grandiose Aussicht: Die Höhenzüge neigen sich zu einem leuchtturmbekrönten Plateau, das zerklüftete Schiefer- und Granitgestein formiert sich zu einer bizarren Felslandschaft oberhalb der Steilküste. Die Szenerie wirkt geradezu unwirtlich schroff, der Wind und die gegen den Felsen tobende Brandung haben der Küste tiefe Spuren eingegraben.

i Praktische Hinweise

Information

Oficina de Turisme, Carrer Cotxe 1, Cadaqués, Tel. 972 25 83 15, www.visitcadaques.org

Hotels

*****Playa Sol**, Riba es Pianc 3, Cadaqués (etwas außerhalb), Tel. 972 25 81 00, Fax 972 25 80 54, www.playasol.com. Hübsches, in der Hauptsaison ein wenig überteuertes Hotel mit Swimmingpool.

Gemächlich geht es in El Port de la Selva zu. Dazu passt die friedliche Stimmung, wenn die Abendsonne das reizende Städtchen mit rotgoldenem Schimmer überzieht

Blaumar, Carrer Massa d'Or 21, Cadaqués, Tel. 972 15 90 20, www.hotelblaumar.com. Angenehmes, ruhiges Haus am Ortsrand mit kleinem Garten und Swimmingpool.

La Residencia, Avinguda Caritat Serinyana 1, Cadaqués, Tel. 972 25 83 12. www.laresidencia.net. Leicht ›angestaubtes‹, aber originelles Hotel mit Künstlerflair in zentraler Lage an belebter Straße.

Restaurants

TOP TIPP **Casa Anita**, Carrer Miquel Rosset 16, Cadaqués, Tel. 972 25 84 71. Wer kräftig-deftige katalanische Kost wie z. B. *Botifarras*, scharf gewürzte Würstchen, mag, ist bei Anita und ihrem Sohn Juan genau richtig, denn die beiden servieren herzhafte und günstige Gerichte.(Mo geschl.).

Es Baluard, Riba Nemesi Llorens 2, Cadaqués, Tel. 972 25 81 83, www.esbaluard-cadaques.net. Gediegenes Fischrestaurant in historischem Gemäuer (Juni Mi und 15. Nov.–15. Feb. geschl.).

La Galiota, Riba Narcís Monturiol 9, Cadaqués, Tel. 972 25 81 87. Fischrestaurant mit großartiger ampurdanischer Küche (Mi und Mitte Sept.–Mitte Juni geschl.).

10 El Port de la Selva

Erholung pur im Küstenort.

Eine entspannte Atmosphäre strahlt das Dorf an einer weit geschwungenen, geschützten Bucht aus. Der Name Port de la Selva, bedeutet ›Hafen am Wald‹ und wurde wohl als Anspielung auf die dichten Wälder gewählt, die den Gebirgszug der *Serra de Roda* einst bedeckten.

Der Ort lebt von Fischfang und Fremdenverkehr. Für letzteren ist der gut ausgebaute **Sporthafen** von großer Bedeutung. Der dörfliche Charakter von Port de la Selva blieb aber weitgehend erhalten. Da Kies und Steine am Strand überwiegen, bleibt ein Badetourismus größeren Zuschnitts anderen Städten überlassen. Im Westen der Bucht ist das Ufer freilich sandig, und Windsurfer wissen die dortigen Fallwinde zu schätzen.

i Praktische Hinweise

Information

Oficina de Turisme, Carrer Mar 1, El Port de la Selva, Tel. 972 38 71 22, www.ddgi.es/porselva

Hotel

***Porto Cristo**, Calle Major 54, El Port de la Selva, Tel. 972 38 70 62, www.hotelportocristo.com. Zimmer im neuen Trakt mit Meeresblick buchen.

Restaurant

Llevantina, Carrer Illa s/n, El Port de la Selva, Tel. 972 38 70 66. Nettes Restaurant mit Terrasse direkt am Hafen. Der fangfrisch zubereitete Fisch schmeckt köstlich.

11 Sant Pere de Rodes

TOP TIPP *Bergkloster mit großer Vergangenheit – Streifzug durch acht Jahrhunderte Architekturgeschichte.*

In zahlreichen Kehren zieht sich die Serpentinenstraße von El Port de la Selva aus zum Kloster in die Berge der *Serra de Roda* hinauf. Sie endet bei einem Parkplatz, von dem aus man in 10 Min. zu Fuß das ehem. **Benediktinerkloster Sant Pere de Rodes** (Tel. 972 38 75 59, Juni–Sept. Di–So 10–20, Okt.–Mai Di–So 10–17.30 Uhr) erreicht. Die Anlage in 600 m Höhe vermittelt den Eindruck einer mächtigen Bergfestung. Innerhalb der Mauern liegt auf mehreren Ebenen eines der großen romanischen Bauwerke Spaniens. Das imposante Erscheinungsbild wird ergänzt durch die Burgruinen des mittelalterlichen **Castell de Salvador**, die auf dem Berg oberhalb der früheren Abtei thronen. Der Aufstieg dauert einfach etwa 30 Min., wird aber mit einer herrlichen Aussicht über Tal und Kloster belohnt.

Geschichte Die Ursprünge von Sant Pere de Rodes liegen im Dunkel der Geschichte verborgen. Im Jahr 808 wird erstmals ein kleines Kloster an dieser Stelle schriftlich belegt, das ab 899 dem Bischof von Girona unterstand. Protegiert durch Graf Tassi von Peralada entstand daraus um 926 eine selbstständige **Abtei**, die sich ab Mitte des 10. Jh. zu einem bedeutenden Konvent entwickelte. Das Kloster gewann durch Schenkungen große Ländereien in Nordkatalonien und wurde ständig vergrößert, u. a. um den ersten, unteren Kreuzgang und die Kirche (geweiht 1022). Im 11. Jh., einer Periode geistig-spiritueller Blüte, wurde auch die bedeutende Schreibschule von Sant Pere eingerichtet, in der kurz nach ihrer Gründung wahrscheinlich auch die heute in der Pariser *Bibliothèque Nationale* aufbewahrte **Bibel von Roda** *(Bible de Noaille)* entstanden ist, ein Meisterwerk romanischer Buchmalerei.

Im 12. Jh. erfuhr der Klosterkomplex mit dem Neubau des Glockenturms, des oberen Kreuzgangs und der Vergrößerung der Kirche eine zweite **Erweiterung**. Sant Pere blieb auch im Spätmittelalter ein bedeutendes religiöses Zentrum, obwohl sich die ökonomische Situation verschlechterte, da die Gläubigen der Mönchsgemeinschaft ein allzu weltliches

Vom Castell de Salvador überblickt man die eindrucksvollen Überreste der Klosteranlage

Leben nachsagten und nicht mehr so reichlich spendeten wie früher. Im 17. und 18. Jh. kam es zum letzten Umbau der Anlage, aber nach mehreren Überfällen und Plünderungen durch Räuber und Piraten war der **Verfall** des Klosters nicht mehr aufzuhalten. Die letzten Mönche verließen 1798 den Konvent und siedelten nach Vilasacra und Figueres um. 1830 beendete die Säkularisierung die große Geschichte von Sant Pere de Rodes.

Vergleichsweise spät würdigten Kunsthistoriker die Bedeutung des Klosters. Dessen Überreste wurden erst 1930 unter **Denkmalschutz** gestellt und mit längeren Unterbrechungen ab den 1960er-Jahren umfassend restauriert. In den wiederhergestellten Gebäuden hat die katalanische Regierung ein **Kongresszentrum** eingerichtet. Nicht selten eilen Kellner durch das Kirchenschiff, um Seminarteilnehmern ein Getränk zu reichen.

Besichtigung Ein Rundgang durch den Komplex wird zu einem Streifzug durch acht Jahrhunderte Architekturgeschichte. Man betritt die von drei wuchtigen Vierecktürmen beherrschte Anlage von Norden her über einen Innenhof. Er wird im Westen von Bauten aus den späteren Jahrhunderten (13.–18. Jh.) gesäumt. Sie enthalten meist Wohnräume, im Südwesten erhebt sich ein massiver Turm mit Wehrgang.

Links liegt der älteste Teil der Anlage, der eigentliche Klosterkern. Die unübersehbare Treppe führt zum **Kirchenportal**, das in die Vorhalle (11. Jh.) des Gotteshauses führt. Ein Rundgang sollte aber beim mächtigen *Glockenturm* beginnen, der sich südlich vom Portal wie ein Campanile über dem Eingang zum alten Kloster erhebt. Dahinter, im Süden an die Kirche angebaut, liegt der trapezförmige **obere Kreuzgang** aus dem 12./13. Jh., der von Rundbogenarkaden eingefasst ist. Von den Säulenkapitellen sind nur noch wenige im Original erhalten. Auf der Ebene darunter sind Reste des **unteren Kreuzganges** aus dem 10./11. Jh. und *Wandmalereien* zu sehen. Hier wird die Entstehungsgeschichte des Klosters in besonderer Weise gegenwärtig, man sieht, dass es im Laufe der Jahrhunderte in mehreren Schichten übereinander angelegt wurde.

Dramatisches Ende einer Flucht

Eine Treppe führt vom oberen Kreuzgang in das südliche Querschiff der tiefer gelegenen **Kirche**, mit der sich bewahrheitet, dass das Schönste zum Schluss kommen soll. Es handelt sich um eine dreischiffige Basilika mit Querhaus und Chor. Das im 10./11. Jh. entstandene Gotteshaus gilt als erstes romanisches Großbauwerk Kataloniens und überrascht mit den für jene Zeit monumentalen Maßen von 37 m Länge und 15 m Höhe. Getragen werden die Tonnengewölbe der Schiffe von herrlich gearbeiteten Pfeilern, die etwa auf halber Höhe in Säulen übergehen. Sie werden von polygonalen Kapitellen bekrönt, die wundervolle, korinthisch anmutende Akanthusornamente, Flechtwerk, geometrische Muster und plastisch gearbeitete Tierköpfe aufweisen.

Der hufeisenförmige **Triumphbogen** vor der mittleren Chorapsis mit dem harmonischen Chorumgang spiegelt frühe westgotische Einflüsse wider. Unter der Hauptapsis liegt eine einfache **Ringkrypta**, wohl aus den Anfangszeiten des Klosters im 9. Jh. Eine gemauerte Säule mit vorromanischem Fischgrätmuster *(Opus spicatum)* trägt das Gewölbe.

12 Portbou

›Bitte umsteigen!‹ oder Auf den Spuren Walter Benjamins.

Das von den Pyrenäen überragte Portbou liegt an einer kleinen, von dunklen Kiesstränden umsäumten Bucht und ist ein wichtiger **Eisenbahnknotenpunkt** an der Grenze zwischen Spanien und Frankreich. Das Städtchen am felsigen Hang wird ganz von seinem Bahnhof beherrscht. Er wurde 1929 für die Weltausstellung in Barcelona erbaut und nimmt

Rundbögen und Kreuzrippengewölbe

Nicht umsonst wird die Romanik in Katalonien auch als **nationale Kunst** bezeichnet. Mehr als 2000 romanische Sakral- und Profanbauten, überwiegend aus dem 11. bis 13. Jh., bilden ein bedeutendes historisches Erbe, das von keiner der nachfolgenden Epochen übertroffen wird. Von besonderer Wichtigkeit ist die katalanische **Frühromanik** des 10. Jh. Damals entstanden in den Grafschaften der Spanischen Mark einige der ersten romanischen Bauwerke Europas.

Um die Jahrtausendwende hatte sich Katalonien von der kurzzeitigen maurischen Herrschaft befreit. Die darauf folgende Phase politischer und gesellschaftlicher Konsolidierung stärkte die vom Norden des Landes ausgehende Reconquista. Religiöser Eifer und die Erfolge der christlichen Eroberungszüge übten eine ungemein starke Sogwirkung auf das geistige Leben aus, was die zahlreichen **Klostergründungen** und Pilgerreisen belegen. Die ab der Mitte des 11. Jh. einsetzende Periode intensiver Bautätigkeit führte in Katalonien zu einer schöpferischen Blüte und läutete unter dem Einfluss lombardischer Baumeister und Steinmetzen die erste Phase der **Hochromanik** ein. Blendarkaden, gezahnte Bänder oder Fischgrätmuster zierten nun die Kirchenbauten mit ihren mächtigen Baukörpern und schlanken Glockentürmen im Stil italienischer Campanile. Der Chor wurde ausgebaut und in Apsiden unterteilt, um mehr Altäre einrichten zu können. Zusätzlich wurden Krypten

Romanische Künstler stellten Christus oft als Pantokrator dar, als Weltenherrscher

erweitert und Querschiffe zwischen Chorhaupt und tonnengewölbtem Langhaus eingezogen.

Um die Wende vom 11. zum 12. Jh. gewann der skulpturale Schmuck an Bedeutung. Portale, Kapitelle und Altäre wurden mit floralen und figürlichen Darstellungen verziert und setzten glanzvolle Akzente, etwa in den Klöstern Sant Pere de Rodes und Poblet. Großartig und durchaus von europäischem Rang ist auch die katalanische **Wandmalerei**. Wahre Prachtstücke sind im Museu Nacional d'Art de Catalunya in Barcelona [s. S. 78] zu sehen. Die meisten stammen aus kleinen Kirchen in den Pyrenäen und wurden sorgfältig restauriert.

im Vergleich zu den schmucken, aber eher bescheidenen Häusern geradezu gigantische Dimensionen an. Die beiden hier parallel verlaufenden Schienenstränge haben unterschiedliche Spurweiten. Die aus Frankreich eintreffenden Züge halten auf der einen Seite des Bahnhofsgebäudes und die Reisenden steigen in spanische Waggons mit größerem Radabstand um, übrigens derselbe wie in Russland. Nur Gästen der Komfortzüge Talgo und TGV bleibt das Umsteigen durch spezielle Spurwechselanlagen erspart.

Eine steile Straße (10 Min. Fußweg) führt von der *Estación* zum **Friedhof**, der in den Felsen hoch über Portbou liegt. Hier sind die terrassenförmig angelegten *Urnenkammern* interessant. Die meisten Besucher aber wollen zum Grab Nr. 563, in dem der deutsch-jüdische Philosoph und Schriftsteller **Walter Benjamin** (1892–1940) seine letzte Ruhestätte fand. Er war am 26. September 1940 auf der Flucht vor dem NS-Regime nach Portbou gekommen und wollte zusammen mit anderen Flüchtlingen über Spanien und Portugal in die USA ausreisen. An jenem Tag war jedoch die Grenze gesperrt worden, und so verwehrten spanische Beamte der Gruppe trotz eines Visums für die

Seit Jahrtausenden brandet das Meer an die Steilküste bei L'Estartit

USA die Weiterfahrt. In derselben Nacht starb Benjamin. Zu seiner Todesursache gibt es verschiedene Theorien. Bislang ging man davon aus, dass Benjamin, wissend, daß er am nächsten Tag der Gestapo ausgeliefert werden würde, sich durch eine Überdosis Morphium selbst das Leben nahm. In dem Dokumentarfilm ›Wer tötete Walter Benjamin…‹ aus dem Jahr 2005 wird dagegen die These aufgestellt, dass Benjamin von Faschisten ermordet wurde. Eine dritte Theorie stammt von dem Journalisten Stephen Schwartz, der vermutet, dass Benjamin von Kommunisten ermordet wurde, weil er – obwohl Kommunist – ein erklärter Gegner des Stalinismus war (Artikel vom 11. Juni 2001 in der Zeitschrift *The Weekly Standard*). Letztlich lassen sich alle drei Theorien nicht endgültig belegen.

Zum Gedenken an Benjamin hat der der israelische Künstler **Dani Caravan** 1994 im Auftrag Deutschlands und Kataloniens die **Installation** *Passagen* errichtet, die vom Friedhof zum Meer führt. Der Titel knüpft an Benjamins unvollendetes Werk ›Passagen‹ an. Die Installation versinnbildlicht eindrucksvoll die Ausweglosigkeit des Schriftstellers. Eine von eisernen Wänden gesäumte Treppe führt auf eine steil abfallende Felsklippe zu und endet an einer Glastür, mit deren Inschrift Benjamin zitiert wird: »Schwerer ist es, das Gedächtnis der Namenlosen zu ehren als das der Berühmten. Dem Gedächtnis der Namenlosen ist die historische Konstruktion geweiht.«

i Praktische Hinweise

Information

Oficina Municipal de Turisme, Passeig Lluís Companys s/n, Portbou, Tel. 972 12 51 61, www.portbou.cat

13 L'Escala und Empúries

Archäologische Top-Attraktion.

Der Golf von Roses zieht sich bis zum Kap *Punta del Bol Roig*, an dem mit L'Escala nach Roses der zweitwichtigsten **Fischereihafen** der Costa Brava liegt. *Anxoves*, kleine Sardellen, die hier in Salz eingelegt und zu **Anchoviskonserven** weiterverarbeitet werden, sind über die Grenzen Kataloniens hinaus als köstlich bekannt.

Der Tourismus hat den einst ruhigen Ort aus seiner Idylle gerissen. Sie wird auf historischen Fotos aus der Zeit um 1900 wieder greifbar, wie sie in manchen Bars an der **Plaça Església** im alten Ortskern um die Kirche *Sant Pere* zu sehen sind. Heute kommen die zahlreichen Gäste vor allem nach L'Escala, um Sonne und Meer zu genießen. Am besten können sie das am gepflegten, sandigen Hauptstrand **Platja de Riels**, den Strandpromenade und Altstadt in weitem Halbkreis umgeben. Er wird im Süden von den Kais und Molen des ausgedehnten **Hafens** begrenzt.

2 km nördlich von L'Escala liegt die Ausgrabungsstätte von **Empúries** (www.mac.cat, Tel. 972 77 02 08, Juni–Sept. tgl. 10–20, Okt.–Mai tgl. 10–18 Uhr), die größte bekannte **griechisch-römische Siedlung** auf spanischem Boden. Das direkt am Meer gelegene Areal unterteilt sich in eine griechische und eine später entstandene, flächenmäßig wesentlich größere, römische Stadt.

Geschichte Um 600 v. Chr. gehörte das heutige Ausgrabungsgebiet zu einer im Laufe der Zeit verlandeten Insel. Auf ihr lag eine Siedlung griechischer Seefahrer

aus Phokäa, die sich auf der Suche nach neuen Handelsplätzen im Golf von Roses niedergelassen hatten. Nichts ist erhalten geblieben von dieser *Palaià Pólis*, die zu den frühesten griechischen Gründungen auf der iberischen Halbinsel gehörte. Gegen Anfang des 5. Jh. entstand etwas südlich die neue Stadt, *Néa Pólis*, die ihre wiederum griechischen Erbauer **Emporion**, Markt, nannten. Durch rege Handelskontakte stieg sie bald zu einer bedeutenden Kolonie auf.

Zu Beginn des 2. Punischen Krieges (218–201 v. Chr.) eroberte der römische Feldherr *Scipio der Ältere* Emporion. Er wollte damit Roms strategische Position gegenüber Karthago ausbauen. Der im 2. Jh. v. Chr. etwas weiter westlich eingerichtete militärische Stützpunkt **Ampurias** der Römer wurde ab der Zeitenwende zu einer befestigten Stadt (*Urbs*) mit schachbrettartig angelegten Straßen erweitert, in der sich bevorzugt Veteranen niederließen. Kaiser Augustus (63 v. Chr.–14 n. Chr.) führte sie mit der ursprünglich griechischen Nachbarstadt unter dem Namen **Municipium Emporiae** zusammen.

Als Handelszentrum und Sitz ziviler wie militärischer Verwaltung blühte der Ort zwei Jahrhunderte lang. Ab dem 2. Jh. n. Chr. wuchs die Macht von Tarraco (Tarragona) und Gerunda (Girona) zum Nachteil von Emporiae, das einen kontinuierlichen Niedergang erlebte. Die **Westgoten** fanden es bei ihrer Ankunft um 400 fast verlassen vor und gründeten an dieser Stelle im 6. Jh. einen Bischofssitz. Das Ende der Siedlung kam mit maurischen Überfällen im 8. Jh., für die endgültige Verwüstung sorgten im 9. Jh. normannische Piraten.

Der Verfall der Mauern und Gebäude dauerte weit über ein Jahrtausend, ehe die Reste von Emporion 1908 wiederentdeckt wurden. Archäologen gehen davon aus, dass bisher ca. ein Viertel des Stadtgebietes freigelegt wurde.

Besichtigung Der in chronologischer Folge aufgebaute **Rundgang** beginnt in der griechischen Siedlung, führt danach zum Museum und weiter in die römische Stadt. Es lohnt sich in jedem Fall, das weitläufige, von Pinien eingerahmte Gelände mit Muße zu erschließen und die Aussicht auf die Küste zu genießen. Zahlreiche Tafeln mit Erläuterungen und Zeichnungen machen die Ruinen anschaulicher und vermitteln eine lebendige Vorstellung insbesondere von der römischen Stadtkultur der Antike.

Auf einem Plateau über der Küste erhebt sich die südliche Umfassungsmauer der griechischen Néa Pólis, an der man das Ausgrabungsgelände betritt. Gleich rechts lag das dorische **Serapion** aus dem 1. Jh. v. Chr, ein dem ägyptischen Gott Serapis geweihter Tempel. Auf der gegenüberliegenden Seite befand sich das **Asklepion**, ein Heiligtum des Gottes der Heilkunde. Die Stadt verfügte neben Wohnhäusern und dem Markt auch über Wirtschaftsgebäude wie Einsalzungsbetriebe für Fische, Werkstätten und eine durch Zisternen gespeiste Wasserversorgung. Teile der einstigen Wasserleitung und des **Kanalsystems** sind erkennbar, ebenso die Fundamente verschiedener Wohnhäuser aus dem 2. Jh v. Chr. Die **Agora**, ein ausgedehnter, viereckiger Platz, bildete den Mittelpunkt des öffentlichen Lebens. Große Volksversammlungen fanden in den umlaufenden, z. T. erhaltenen Säulenhallen (*Stoá*) statt, die dem hellenistischen Baustil des 2. Jh. v. Chr. angehören. Südöstlich davon lag eine frühchristliche **Basilika** (4.–7. Jh. n. Chr.) mit noch erkennbarer Vorhalle und halbrunder Apsis. Sie geht auf die Westgoten zurück und war wohl eines der ersten christlichen Gotteshäuser auf spanischem Boden.

Das archäologische Fundgut wird sehr ansprechend im **Museu Monograf** präsentiert. Der Museumskomplex westlich der Néa Pólis nutzt die Gebäude eines ehem. Servitenklosters, das im 19. Jh. aufgelöst wurde. Zu den Exponaten gehören Keramikobjekte aus intensiv rotleuchtender *Terra Sigilata*, wie sie während der kaiserlich-römischen Periode hergestellt wurden, und zahlreiche Gebrauchsgegenstände, darunter Schmuck, Trinkhörner und Amphoren. Ein Mosaik aus dem 1. Jh. v. Chr. thematisiert den Mythos der Opferung der Iphigenie von Aulis. Die Ausstellung bietet auch einen ausgezeichneten Überblick über soziale Struktur, gesellschaftliches Leben, Wirtschaft, Politik, Religion und den Bestattungskult in römischer Zeit.

Noch immer beeindruckend, wacht Zeus, der Blitzeschleuderer, über Empúries

In der oberhalb, also westlich gelegenen **römischen Stadt** sind einige schwarz-weiß Mosaiken mit unterschiedlichen Dekorationsmustern zu sehen, von denen eines im ausgeschilderten *Domus 2A* im Stil an islamische Kunst erinnert. Hervorzuheben sind weiterhin das quadratische **Forum** mit Augustustempel und Kapitol, letzterer ein Jupiter und Juno geweihtes Heiligtum. Im Südwesten, außerhalb der Stadtmauer lag das *Amphitheater*, in dem Gladiatorenspiele stattfanden. Nach den mageren Überresten zu schließen, muss es für eine Stadt dieser Größe recht klein gewesen sein.

i Praktische Hinweise

Information

Oficina de Turisme, Plaça de les Escoles 1, L'Escala, Tel. 972 77 06 03, www.visitlescala.com

Hotels

*****Nieves Mar**, Passeig Maritim 8, L'Escala, Tel. 972 77 03 00, Fax 972 77 36 05, www.nievesmar.com. Unmittelbar am Golf von Roses gelegen. Mit Garten, Tennisplätzen und Swimmingpool.

*****Voramar**, Passeig Lluis Albert 2, L'Escala, Tel. 972 77 01 08, Fax 972 77 03 77, www.hotelvoramar.com. Solides Haus an der Uferpromenade, Swimmingpool über der Felsenküste (Jan.–März. geschl.).

Hostal El Roser, Carrer Església 7, L'Escala, Tel. 972 77 02 19, Fax 972 77 45 29, www.elroserhostal.com. Freundliche, ruhige Unterkunft bei der Kirche inmitten der Altstadt.

Restaurant

Els Pescadors, Port d'en Perris 5, L'Escala, Tel. 972 77 07 28., www.pescadors.com. Das im alten Ortskern in der Nähe des Hafens gelegene Lokal bietet gute, bodenständige Fischküche. Im November geschlossen.

Buntes und Bizarres können Taucher unter Wasser bei den Illes Medes entdecken

14 L'Estartit und Illes Medes

Wo sich Zackenbarsche, Tintenfische, Schnorchler und Taucher tummeln.

Ein herrlicher, kilometerlanger und stellenweise bis 100 m breiter Strand und das Tauchrevier der vorgelagerten Medes-Inseln verwandelten L'Estartit, den kleinen Fischerhafen von *Torroella de Montgrí*, seit den 1960er-Jahren in ein Touristenzentrum. Nur wenige Kilometer trennen die beiden Orte, die eine kommunale Einheit bilden. Zwischen ihnen ragt der 309 m hohe **Montgrí** (›grauer Berg‹) mit seinem gleichnamigen **Castell** auf. Die Ende des 13. Jh. erbaute Festung blieb jedoch unvollendet, nachdem König Jaume II. seine Residenz in Torroella verlassen hatte. Heute steht L'Estartit im Mittelpunkt des Besucherinteresses. Kein Wunder, zieht sich doch die hellsandige **Platja de L'Estartit** vom nördlich gelegenen, ausgedehnten Hafen über die Stadtgrenzen hinaus weit nach Süden. Wird sie anfangs noch von Boutiquen, Restaurants, Bars, Souvenirgeschäften und Tauchschulen gesäumt, genießt man jenseits der letzten Feriensiedlungen noch immer relative Ruhe und Beschaulichkeit.

TOP TIPP

Die beliebtesten Attraktionen von L'Estartit liegen jedoch unter der Wasseroberfläche. Dank der zwei größeren und fünf kleineren, in ca. 1 km Entfernung vorgelagerten **Illes Medes**, den Medes-Inseln, gilt der Ort bei **Sporttauchern** als erste Adresse der Costa Brava. Sie können die Welt der Riesenzackenbarsche und das Wrack der 1992 gesunkenen ›Reggio‹ in 35 m Tiefe erforschen oder auf ein *Tête a tête* mit einem Kopffüßer aus der Familie der Tintenfische hoffen. Wer nicht schnorchelt oder taucht, kann mit dem Fernglas die reiche Vogelwelt der Eilande genießen oder von Glasbodenbooten aus die bunte Unterwasserwelt bestaunen. Vor allem die Riffe um die größte Insel **Meda Gran** sind für bizarre Formen und ihre ebenso vielgestaltigen wie vielfarbigen Bewohner bekannt. Damit das so bleibt, wurden die seit 1932 nicht mehr bewohnten Inseln 1985 erst zur *Schutzzone* und 1990 zum **Parc Natural** erklärt, in dem Fischen strikt verboten ist.

i Praktische Hinweise

Information

Oficina de Turisme, Passeig Maritim 47, L'Estartit, Tel. 972 75 19 10, www.visitestartit.com

Hotel

****Santa Anna**, Carrer del Port 46–48, L'Estartit, Tel. 972 75 13 26, Fax 972 75 08 42, www.hotelsantaanna.com. Angenehmes Hotel in Hafennähe, mit Swimmingpool.

Restaurants

Les Salines, Passeig Molinet 5, L'Estartit, Tel. 972 75 16 11, www.restaurantlessalines.com. Beliebtes, ausgezeichnetes Fischrestaurant, gehobenes Preisniveau.

Casi Casi, Passeig Maritim 22, L'Estartit, Tel. 972 75 15 54. Nettes Tapas-Lokal am Hafen, das auch von Einheimischen gern besucht wird.

Südliche Costa Brava – Sonne, Sand und schöne Strände

Zwischen dem Mündungsgebiet des Río Ter und der Stadt Blanes verändert die Küstenlinie ihren Charakter. Die nackten, grauen Felsen und die spärliche Vegetation der nördlichen Costa Brava weichen **üppigem Grün**. Pinienwälder überziehen die Hänge, die von Eukalyptus, Stein- und Korkeichen bewachsenen Höhenzüge fallen sanfter zur Küste hin ab, weniger bizarr geformt als im Norden sind die zahlreichen **Buchten** und **Strände**. Ein beeindruckendes Naturerlebnis ist die Strecke zwischen den beiden Städtchen **Sant Feliu de Guixols** und **Tossa de Mar**. In unzähligen Kehren folgt die Küstenstraße GI 682 dem Meeresufer, auf das sich immer wieder zauberhafte Ausblicke öffnen. Tossa de Mar gehört zweifellos zu den schönsten Orten der südlichen Costa Brava und lädt zur Entspannung ein, seine zurückhaltende Gemeindepolitik hatte Vorbildcharakter für eine behutsame touristische Entwicklung.

Die im Grunde sanfte Küstennatur wird durch harte, von Menschenhand geschaffene Gegensätze unterbrochen. Die touristische Entwicklung seit den 50er-Jahren des 20. Jh. hat einstmals stillen Fischerdörfern die Seele und romantischen Stränden viel von ihrer Schönheit geraubt. Ein Paradebeispiel dafür ist die Urlaubsmetropole **Lloret de Mar** mit ihren Bettenburgen und Amüsiervierteln. Auch das ist Teil dieser Küste. Das Hinterland bilden die südlichen Bereiche der Region *Baix Empordà* und der Südwesten der Provinz Girona. Die Stadt **Girona** ist kulturelles Zentrum der südlichen Costa Brava, dabei überaus reich an römischen und romanischen Baudenkmälern.

15 Girona

Plan Seite 44

Iberer, Römer und Juden prägten die Geschichte dieser liebenswerten Stadt.

In der fast 90 000 Einwohner zählenden Hauptstadt der gleichnamigen Provinz nimmt der *Río Ter* die kleineren Flüsse *Galligants, Güell* und *Onyar* auf und setzt seinen Lauf nordöstlich Gironas in Richtung Mittelmeer fort. Wie die Wasserläufe führen an dem geschichtsträchtigen Ort auch die historischen Spuren verschiedenster Kulturen zusammen. Besonders bemerkenswert sind die Baudenkmäler von der Antike bis zum späten Mittelalter. Und die Museen der Stadt sind reich mit einzigartigen **Kunstschätzen** bestückt, seien es frühchristliche Sarkophage oder mittelalterliche Wandteppiche.

Auf einem Hügel oberhalb des Zusammenflusses von Onyar und Ter liegt **Barri Vell**, die Ober- oder Altstadt, die mit ihrem engen Gassengewirr einen scharfen Gegensatz zu den jüngeren Vierteln der Unterstadt bildet. Man sollte der Versuchung nachgeben und sich treiben lassen – entlang der Umfassungsmauer schlendern, über Kopfsteinpflaster und steinerne Treppenwege.

Badevergnügen in der turmbewachten Bucht von Lloret de Mar

Geschichte Girona geht vermutlich auf eine iberische Gründung des 5. Jh. v. Chr. zurück, tritt aber erst im 1. Jh. n. Chr. zur Zeit der römischen Herrschaft, unter dem Namen *Gerunda oppidum civium Latinorum* aus dem Dunkel der Geschichte. Dank der Anbindung an die **Via Augusta**, der zwischen Gallien und der Provinz *Tarraconensis* verlaufenden Heerstraße, entwickelte sich Gerunda zu einem wichtigen, befestigten Handelsplatz. Mit dem Niedergang der römischen Herrschaft wurde der Ort christlich und in westgotischer Zeit **Bischofsstadt**. 717 begann das relativ kurze ›Zwischenspiel‹ der maurischen Besetzung. 785 eroberte Karl der

Große Girona zurück. Die Stadt wurde Teil der fränkischen *Marca Hispania*, der Spanischen Mark, und gehörte ab dem 10. Jh. zur Grafschaft Barcelona.

Die sich im Mittelalter zu einem starken, eigenständigen **Fürstentum** entwickelnde Stadt musste sich immer wieder gegen die konkurrierenden Grafen von Empúries und französische Einfälle verteidigen. Trotz umfassender baulicher Erweiterung und Verstärkung der Befestigungsanlagen sah sich Girona wiederholt von Feinden eingeschlossen, was ihr den Beinamen **Ciutat dels Setges**, ›Stadt der Belagerungen‹, einbrachte.

Besichtigung Bester Ausgangspunkt für die Besichtigung von Girona ist TOP TIPP **La Catedral** 1 (Tel. 972215814, www.catedraldegirona.org, April–Okt. tgl. 10–20, Nov–März tgl. 10–19 Uhr) inmitten der Altstadt. Die Hälfte der lang gestreckten *Plaça de la Catedral* nimmt eine monumentale, barocke *Freitreppe* (17. Jh.) ein, die über drei Absätze von jeweils 30 Stufen zur gewaltigen Kirchenfassade ansteigt. Das 5 m hohe Hauptportal wird von überlebensgroßen Heiligenfiguren in muschelgekrönten Rundnischen gerahmt. In der Mitte über dem Portal sieht man Maria mit dem Christuskind auf dem Arm.

Die in mehreren Bauphasen entstandene, wuchtige **Bischofskirche** ist dem hl. Michael geweiht. Sie wurde anstelle eines romanischen Vorgängerbaus aus dem 11./12. Jh. aufgeführt, von dem der Kreuzgang und Teile des Turms erhalten sind. Mit dem Bau der eigentlichen Kathedrale begann man 1312, beendet wurde sie erst Ende des 16. Jh. *Chorhaupt* und *Chorumgang* wurden noch nach Entwürfen des 14. Jh. dreischiffig angelegt, später jedoch anders ausgeführt. Dem Baumeister Guillem Bofill ist es zu verdanken, dass im 15./16. Jh. ein **einschiffiger Innenraum** mit einer Breite von 23 m und einer Länge von 63 m entstand. In 35 m Höhe wird er von dem größten **gotischen Gewölbe** Europas überspannt. Die den Sei-

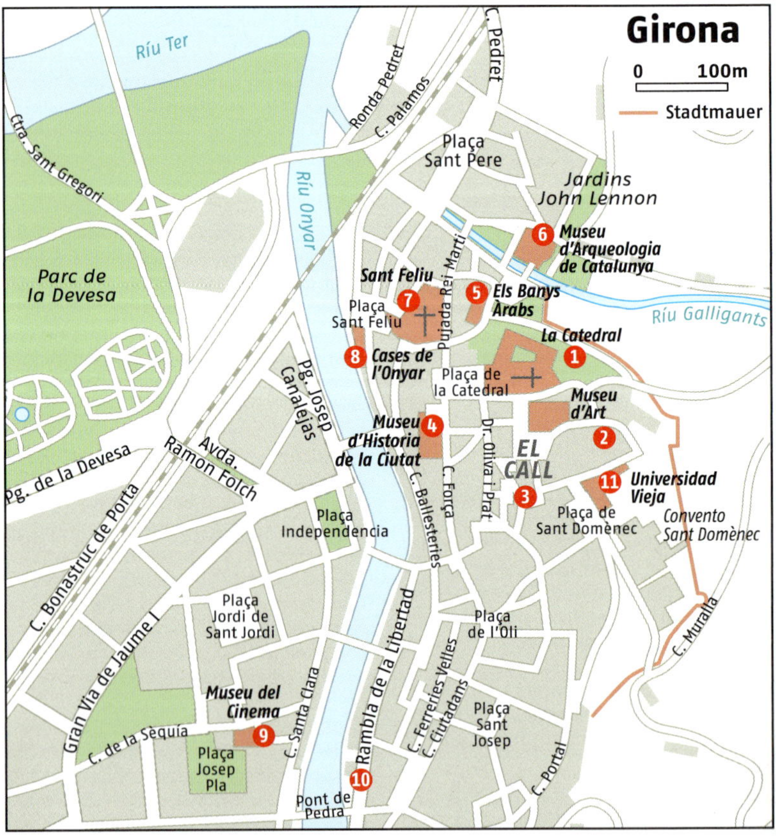

Eine imposante Freitreppe führt zur statuengeschmückten Fassade der Kathedrale

tenwänden vorgesetzten *Bündelpfeiler* streben zu ihren Kapitellen empor, von denen sich die Kreuzgrate palmfächerartig verzweigen und in wundervoll gearbeiteten Schlusssteinen zusammenfinden. Die Raumkonstruktion ließ zwar den Statikern jener Zeit die Haare zu Berge stehen, doch das Raumerlebnis ist tatsächlich kolossal. Die erhebende Architektur- und Lichtwirkung wird verstärkt durch die *Glasfenster* aus dem 14.–16. Jh. 27 **Seitenaltäre** mit gotischen *Grabmälern* flankieren das Langhaus und schmücken den Kapellenkranz um den Chor.

Hinter dem romanischen Altarstein des Chores erhebt sich der **Hochaltar** mit dem in Silber getriebenen *Altarhimmel* aus dem 14. Jh. Das **Retabel** wurde 1320–57 von den katalanischen Künstlern Meister Bartomeu, Ramón Andreu und Pere Berneç geschaffen und stellt eine der herausragendsten Silberschmiedearbeiten des katalanischen Mittelalters dar. Die Relieffelder des mit Edelsteinen und Emaille reich geschmückten, vergoldeten Altaraufsatzes zeigen Darstellungen aus dem Leben Mariens und die Passion Jesu. Der hinter dem Altar befindliche und aus einem Alabasterblock gehauene, reliefierte **Bischofsstuhl** aus dem 11. Jh. wurde lange für den Kaiserthron Karls des Großen gehalten, den die Legende auch als Stifter des Urdoms im 8. Jh. benennt.

Die Michaelspforte an der Nordseite führt zum Museu Capitular (s. u.) und zu dem großartigen, trapezförmigen **Kreuzgang** der romanischen Vorgängerkirche. Hier herrscht eine geradezu meditative Atmosphäre, die den Geist der romanischen Welt spürbar werden lässt. Er findet Ausdruck in der Bildhauerkunst des *Kapitell-* und *Friesschmucks*, der Herz und Verstand des mittelalterlichen Menschen für das Heilsgeschehen öffnen sollte. Die überwiegend alttestamentarischen Darstellungen werden belebt von Tier- und Pflanzenmotiven, die teils naiv, teils äußerst realistisch ausgeführt sind.

Der **Tresor de la Catedral** (Einlass bis 30 Min. vor Schließlung der Kathedrale, für Gruppen Reservierung notwendig) mit seinen Kunstschätzen findet in den einstigen Kapitelsälen des Klosters mit ihren herrlichen backsteingemauerten Decken einen würdigen architektonischen Rahmen. In vier Räumen ist eine Fülle von Exponaten mittelalterlicher Sakralkunst untergebracht, von denen hier nur die bedeutendsten erwähnt werden können. Im 1. Saal verdienen eine *Madonnenstatue* der Schutzpatronin der alten romanischen Kirche aus dem 11./12. Jh. und eine *Handschrift* von 975 besondere Beachtung. Bei letzterer handelt es sich um einen Kodex von Abt Beatus von Liébana zur Apokalypse und zum Buch Daniel. Den 2. Saal beherrscht die *Statue Pedros IV.* aus dem 14. Jh., auch Statue Karls des Großen genannt, in mehrfarbigem Alabaster. Der 4. Saal beherbergt den einzigartigen Schöpfungs-Wandteppich **Tapís de la creació** aus dem 11./12. Jh. Das weltweit einzig erhaltene, 4,15 m x 3,65 m große romanische Textilkunstwerk zeigt gestickte Darstellungen der Genesis, u.a. das Urmeer, die Erschaffung der Welt, der Tiere (sogar Fische mit Hundeköpfen sind hier vertreten) sowie Allegorien der Jahreszeiten und Monate. Die Szenen sind im Kreis um die zentrale Figur angeordnet, den Christus Pantokrator (Christus als Weltenherrscher).

Südlich der Kathedrale liegt der Apostelplatz, die **Plaça dels Apòstols**, an dessen Ostseite im ehem. Bischofspalast das Kunstmuseum untergebracht ist, das **Museu d'Art** ❷ (Tel. 972203834, www.museuart.com, März–Sept. Di–Sa 10–18, So 10–14 Uhr). Die umfangreiche Ausstellung ist museumsdidaktisch und behindertengerecht vorbildlich gestaltet. Sie zeigt – und erklärt auch in der Blindenschrift Braille – auf fünf Etagen Exponate von vorromanischer Zeit bis zur Gegenwart. Liebhaber romanischer und gotischer Sakralkunst werden hier ebenso fündig wie Bewunderer des Modernisme und des katalanischen Jugendstils, der u.a. mit einigen Gemälden von Santiago Rusiñol und Rafael Masó i Valentí vertreten ist.

Südwestlich des früheren Bischofspalastes erheben sich zwischen den Straßen *Dr. Oliva i Prat* und *Carrer de la Força* die hohen Gebäude von **El Call** ❸, dem ehem. jüdischen Viertel, auch *Aljama* genannt. Kultur und wirtschaftliche Existenz der Stadt wurden fast das gesamte Mittelalter hindurch von ihrer jüdischen Gemeinde wesentlich mitgestaltet. Das ursprüngliche *El Call* bildete ein Gewirr

EIn Schatz der Kathedrale: Der Schöpfungsteppich zeigt Christus als Ursprung aller Lebewesen

Die Sephardim von Girona

Das jüdische Viertel von Girona gehört zu den besterhaltenen Spaniens und war über 600 Jahre lang Heimat der nach Barcelona wichtigsten jüdischen Gemeinde Kataloniens. **Sephardim**, wie sich die spanisch-portugiesischen Juden nannten, ließen sich erstmals im Jahr 890 mit 25 Familien in Girona nieder. In seiner Blütezeit bewohnten ca. 300 Menschen das jüdische Viertel, das 1160 erstmals schriftlich als **El Call** belegt ist. Seine Einwohner standen unter dem Schutz des Magistrats von Girona sowie des Königs, der wiederum von ihnen Tribut forderte.

Eine herausragende Rolle für die hebräische Philosophie kam der Kabbala-Schule von Girona zu. Einer der bedeutendsten Vertreter dieser jüdischen Geheimlehre und Mystik war der 1194 in der Carrer Sant Llorenç geborene spätere Großrabbi Kataloniens **Mossé Ben Nahman**.

Die architektonischen Spuren lassen erahnen, wie erfolgreich Gironas Sephardim waren. Als Finanziers, Bankiers und Immobilienmakler übten sie im Mittelalter tiefgreifenden Einfluss auf die Wirtschaft Kataloniens aus. Ihre Fähigkeiten eröffneten ihnen hochrangige Positionen, als politische und finanzielle Ratgeber waren sie selbst für die Krone unverzichtbar. Damit zogen die Juden jedoch Neid und Hass auf sich, was während der Inquisition zu Pogromen und schließlich 1492 zu ihrer Ausweisung aus Spanien führte. Der wirtschaftliche Niedergang Spaniens ab dem 16. Jh. ist nicht zuletzt diesem **Zwangsexodus** zuzuschreiben. 500 Jahre sollten vergehen, ehe König Juan Carlos 1992 das jüdische Volk offiziell dafür um Vergebung bat.

schmaler dunkler Gassen mit der Carrer de la Força als Hauptachse, die entlang der römischen Via Augusta verlief. Einen Besuch lohnt das **Museu d'Història dels Jueus** (Carrer de la Força 8, Tel. 972 21 67 61, Juli/Aug. Mo–Sa 10–20, So 10–14, Sep.–Juni Di–Sa 10–18, So 10–14 Uhr), das sich dem Erbe der jüdischen Kultur in Girona widmet. Am nördlichen Ende der Carrer de la Força liegt das **Museu d'Història de la Ciutat** 4 (Tel. 972 22 22 29, www.girona.cat/museuhistoria, Di–Sa 10–14, 17–19, So 10–14 Uhr). In bunter Mischung informieren Exponate über die Stadtgeschichte, von archäologischen Fundstücken aus römischer Zeit bis zu einer Sammlung über die seit dem 16. Jh. wirtschaftlich wichtige Buchdruckerei.

Vom Kathedralplatz geht es durch die *Pujada Rei Martí*, dann rechts in die Straße *Rei Ferran el Catòlic* zu **Els Banys Àrabs** 5 (Tel. 972 19 07 97, www.banysarabs.org, April–Sept. Mo–Sa 10–19, So 10–14, Okt.–März tgl. 10–14 Uhr), den Arabischen Bädern. Der Name ist irreführend, da das erste Badehaus an dieser Stelle ca. 400 Jahre nach der maurischen Periode errichtet wurde. 1283 wurde es im Krieg gegen den französischen König Philipp den Kühnen zerstört und zehn Jahre später in seiner jetzigen Gestalt wieder aufgebaut. Bis Anfang des 15. Jh. diente das Gebäude als *öffentliche Badeeinrichtung*, ehe es in den Besitz des Hauses von Capmany und ab 1617 eines Kapuzinerklosters überging. Nach seiner Restaurierung in den 1930er-Jahren stellt der Komplex wieder ein Juwel profaner romanischer Architektur dar. Das Portal mit einem Hufeisenbogen führt durch einen Vorraum ins Innere, das sich in vier Räume unterteilt. Der erste und größte war der

Els Banys Àrabs, noch heute wunderschön

Umkleide- und Ruheraum (*Apodyterium*), in dessen Mitte ein oktagonales Becken steht. Hier entfaltet sich vollkommene **Raumharmonie**. Zierliche Säulen mit feinem, in pflanzlichen Motiven ornamentiertem Kapitellschmuck umstehen den Beckenrand und tragen über Hufeisenbögen eine lichtdurchflutete Kuppel. Der anschließende Raum diente kalten Bädern (*Frigidarium*). Der dritte Bereich war lauwarm (*Tepidarium*) temperiert. Hier konnte man sich von den Dampfbädern entspannen, die im vierten Raum (*Caldarium*) angeboten wurden.

Nördlich der Bäder führt der *Carrer de Santa Llúcia* zum **Museu d'Arqueologia de Catalunya** 6 (Tel. 972 20 26 32, www.mac.cat, Juni–Sept. Di–Sa 10.30–13.30 und 16–19, So 10–14, Okt.–Mai Di–Sa 10–14 und 16–18, So 10–14 Uhr) jenseits des Ríu Galligants. Das 1846 gegründete Museum ist eines der ältesten Kataloniens und fand bereits 1857 im ehem. Benediktinerkloster **Sant Pere des Galligants** seinen Platz. Aus der Zeit vor der Jahrtausendwende ist ein Vorgängerbau belegt, aus dem im 12. Jh. das heutige Gebäude hervorging. Das mit geometrischen Mustern sowie Ornamenten geschmückte Gewändeportal führt in eine dreischiffige Basilika. Die Steinmetzarbeiten im Inneren, u. a. an den Kapitellen der Mittelschiffpfeiler, am mächtigen Maßwerkrad des Rosettenfensters und im Kreuzgang, sind von bestechender Qualität. Welch eine Aura für eine archäologische Sammlung! Am interessantesten sind die Exponate der iberischen Epoche und der römischen Periode Gironas im oberen Geschoss des Kreuzgangs sowie aus Empúries im nördlichen Seitenschiff und in der alten Sakristei. Die hebräischen Steintafeln im Erdgeschoss des Kreuzgangs gehörten ursprünglich zu Gräbern des nicht mehr lokalisierbaren jüdischen Friedhofs *Bou d'Or* in Girona.

Wieder zurück über den Galligants, lässt sich die Besichtigungstour in Richtung des Flusses Onyar fortsetzen und führt zunächst durch die *Pujada Rei Martí* zum westlich davon gelegenen Gotteshaus **Sant Feliu** 7. Die frühere Stiftskirche (13.–16. Jh.) mit ihrem markanten Glockenturm war einst direkt an die Stadtmauer gebaut, was ihren wehrhaften Charakter erklärt. Ein frühchristlicher Vorgängerbau wurde wahrscheinlich schon im 4. Jh. an dieser Stelle über einem Friedhof errichtet, in dem u. a. das Grab des Märtyrers und Stadtheiligen Felix vermutet wird. Im **Kircheninneren** ordnen sich unterschiedliche Stilelemente, inbesondere aus der romanischen Epoche, dem gotischen Gesamt-

Ruhig und stimmungsvoll fließt der Ríu Onyar durch die Altstadt von Girona

konzept unter. Beeindruckend und mit plastischer Lebendigkeit gearbeitet sind die acht, im 3./4. Jh. aus Italien eingeführten **Sarkophage** in Wandnischen zu beiden Seiten des Chors. Die Reliefszenen auf zwei von ihnen entstammen der antiken Mythologie, während die Darstellungen der anderen sechs sich auf alttestamentarische Themen beziehen. Ebenfalls im Chor, am Eingang der 1782 geweihten, barocken *Sant-Narcis-Kapelle*, verdient die Figur des ruhenden Christus Beachtung, ein Meisterwerk aus der Mitte des 14. Jh.

In wenigen Minuten gelangt man von Sant Feliu durch eine Hauspassage über den *Passatge Miquel Gómez* an das jenseitige Ufer des Onyar. Hier folgt man dem *Passeig Josep Canalejas* ein Stück in südlicher Richtung. Auf der gegenüberliegenden Flussseite bieten die **Cases de l'Onyar** 8 einen reizvollen Anblick. Die Häuser wurden im späten Mittelalter an die Umfassungsmauern der Altstadt und des Marktviertels angefügt. Ein Relikt aus jener Zeit sind auch die einstigen, zu Wohngebäuden umgebauten Wachtürme zu beiden Seiten der steinernen *Pont de Pedra* weiter flussabwärts. Nicht versäumen sollte man den kleinen Abstecher zum **Museu del Cinema** 9 (Carrer de la Sèquia 1, Tel. 972 41 27 77, www.museudelcinema.org, Mai–Sept. Di–So 10–20, sonst Di–Fr 10–18. Sa 10–20, So 11–15 Uhr) mit einem spannenden Einblick in die Filmgeschichte. Zurück auf der Altstadtseite lädt die **Rambla de la Libertad** 10 zum Flanieren entlang hübscher Laubengänge ein. Östlich davon liegt das Einkaufsviertel der Altstadt, das mit schicken Geschäften, Cafés und Restaurants in historischem Ambiente aufwartet.

Häufig bevölkern Studenten die Treppen der nordöstlich gelegenen *Pujada Sant Domènec*, die zur 1443 gegründeten **Universidad Vieja** 11 führt, dem noch heute von der Universität genutzten Gebäude. Die Renaissancefassade zeigt ein steinernes Wappen der Habsburger, die die Universität von Girona im 16.–18. Jh. maßgeblich förderten.

i Praktische Hinweise

Information

Oficina de Turisme, Rambla de la Llibertat 1, Girona, Tel. 972 22 65 75, www.girona.cat

Hotels

******Carlemany**, Plaça Miquel Santaló s/n, Girona, Tel. 972 21 12 12, Fax 972 21 49 94, www.carlemany.es. Eines der besten Hotels am Platz bietet jeglichen Komfort. Konferenzraum und Diskothek im Haus.

****Pensió Bellmirall**, Carrer Bellmirall 3, Girona, Tel. 972 20 40 09, www.bellmirall.eu. Hübsche, nicht ganz billige Pension mit nur wenigen Zimmern nahe der Kathedrale.

***Peninsular**, Carrer Nou 3/Avinguda St. Francesc 6, Girona, Tel. 972 20 38 00, Fax 972 21 04 92, www.novarahotels.com. Kleines Hotel in zentraler Lage nahe der Altstadt. Fahrradverleih.

Restaurants

Boira, Plaça de la Independència 17, Girona, Tel. 972 21 96 05. Mediterrane Küche in stimmungsvollem Ambiente. Spezialitäten: Salate und Kaninchen.

Café le Bistrot, Pujada Sant Domènec 4, Girona, Tel. 972 21 88 03. Empfehlenswerte Tagesmenüs und feine Kuchen.

Cal Ros, Cort Reial 9, Girona, Tel. 972 21 91 76. Katalanische Küche, z. B. *Escudella i carn d'olla* (Fleischeintopf).

Noch heute sieht man im Poblat Ibèric die Fundamente der einstigen iberischen Großstadt

16 Poblat Ibèric

Die Entdeckung iberischer Kultur.

Das kleine Dorf **Ullastret** mit mittelalterlichem Ortskern und einer Pfarrkirche aus dem 11. Jh. liegt in der landwirtschaftlich intensiv genutzten Flussebene des Daró. 1947 stieß man unweit östlich auf die Überreste des sog. Iberischen Dorfes, des Poblat Ibèric (Tel. 972179058, www.mac.es/ullastret, Juni–Sept. Di–So 10–20, Okt.–Mai Di–So 10–14 und 15–18 Uhr).

Vermutlich bereits Ende des 7. Jh. vom Stamm der Indiketen gegründet, wurde die **größte iberische Siedlung Kataloniens** auf einer Insel inmitten eines heute trockengelegten Sees erbaut und stark befestigt. Einen Eindruck von der wehrhaften Struktur vermittelt die restaurierte, 4–5 m hohe und mit sechs Rundtürmen verstärkte **Schutzmauer** im Westen und Süden. Auf dem Ausgrabungsgelände sind Reste von gepflasterten Straßen, Zisternen und mehr als 200 Getreidesilos zu sehen, die größtenteils aus dem 3. Jh. v. Chr. stammen. In dieser Zeit wurde wohl auch der Tempel auf dem zentralen Hügel errichtet, über den religiösen Kult der Iberer ist jedoch so gut wie nichts bekannt. Dasselbe gilt für ihre politische Organisation, obwohl die erhaltenen Fundamente öffentlicher und privater Häuser auf eine feudal geprägte Sozialordnung schließen lassen. Sicher ist, dass die ersten Spanier Ackerbau und Viehzucht betrieben, daneben aber auch über Kenntnisse im Bergbau verfügten sowie Handelskontakte mit Phöniziern und Karthagern pflegten. Mit letzteren verbündeten sich die Iberer im 2. Punischen Krieg, doch die Römer siegten, und ihre Übermacht im nahen Empúries bedeutete das Ende des Ortes, der Anfang des 2. Jh. v. Chr. verlassen wurde.

Einen interessanten Einblick in die noch weitgehend unerforschte Kultur der Iberer bietet das **Museum** im Südosten der eingezäunten Grabung. Es präsentiert lokale Funde, etwa Gegenstände aus Eisen, Kupfer, Bronze und Silber sowie Münzen und Keramik.

i Praktische Hinweise

Restaurant

El Fort, Carrer de la Presó 2, Ullastret, Tel. 972757773. Feine katalanische Küche. Besonders schön speist man auf der von mittelalterlichen Mauern umgebenen Terrasse (Feb. und Mi geschl.).

17 Peratallada

TOP TIPP *In Stein gehauene Traumerscheinung aus dem Mittelalter mit dreifacher Stadtmauer.*

An dem südöstlich von Ullastret gelegenen Dorf scheinen die Jahrhunderte spurlos vorübergegangen zu sein. So jedenfalls wirkt die Gesamtansicht des Ortes, der von **Mauern** und einem aus dem **Fels** gemeißelten Wall umzogen ist. Daher rührt auch der Name des 1065 erstmals urkundlich erwähnten Peratallada: *Pedra tallada* bedeutet ›aus Stein gehauen‹.

Vor den Mauern sind zwei Parkplätze ausgeschildert. Das denkmalgeschützte Städtchen kann man nur zu Fuß betreten. Der Weg führt über eine steinerne Brücke, die das Flüsschen *Riera Nova* überspannt, und durch ein mächtiges Tor. Auf einem Spaziergang durch die engen Gassen erschließt sich das historische Ambiente, etwa auf der gepflasterten *Plaça de les Voltes*. Die ältesten Gebäude des altehrwürdigen Dorfes datieren aus dem 11. Jh. und gehören zum stolzen **Castell de Peratallada**, das sogar den Glockenturm der Pfarrkirche *San Esteban* überragt.

Zum zwanglosen Gedankenaustausch trifft man sich vor den Toren von Peratallada

Praktische Hinweise

Hotel

*****El Cau del Papibou**, Carrer Major 10, Peratallada, Tel. 972 63 50 30, Fax 972 63 47 16, www.hotelelcau.com. Das schön renovierte Steinhaus im Ortszentrum bietet acht komfortable Zimmer mit Zugang zu einem großzügigen Innenhof.

***Hostal Miralluna**, Plaça de l'Oli 2, Peratallada, Tel. 972 63 43 04. Romantisches Hotel in historischen Mauern mit wunderbarem Garten in der autofreien Altstadt von Peratallada (Dez.–Febr. geschl.).

Restaurant

La Roca, Carrer de la Roca 8, Peratallada, Tel. 972 63 41 72. Rustikale Landküche in ebensolchem Ambiente. An lauen Sommerabenden ist der Aufenthalt im Garten besonders angenehm.

Die Silhouette von Pals bestimmt der urtümliche, runde Stundenturm

18 Pals

Mittelalterliche Altstadt, die unter Denkmalschutz steht.

Die rund 2000 Einwohner von Pals sind stolz auf ihre um einen Hügel, zum großen Teil aus Naturstein erbaute **Vila Vela**, die prächtige mittelalterliche Altstadt. Sie wird von einer Stadtmauer aus dem 13.–16. Jh. umgeben. In den schmalen Gassen ist Autoverkehr nicht zugelassen, und das gesamte historische Ensemble wurde sorgfältig restauriert. Leider scheinen viele Häuser unbewohnt zu sein, und sogar die zahlreichen Keramikgeschäfte sind nicht frei von einem gewissen musealen Touch. Die Bebauung des geschlossen unter Denkmalschutz stehenden Ortes ist zugegebenermaßen wundervoll, doch dem Zentrum fehlt der Puls des Alltagslebens, das heute in der weitgehend gesichtslosen Unterstadt zuhause ist.

Trotzdem lohnt sich ein Spaziergang durch die Vila Vela, der am höchsten Punkt des Hügels auf der schattigen *Plaça d'Església* vor der romanischen Pfarrkirche **Sant Pere** endet. Sie wurde 1478 gotisch umgebaut, wozu das barocke Portal aus dem 18. Jh. nicht so recht passen will. Die Altstadt überragt als einziges Überbleibsel des einst so stolzen Castell Monteáspero der runde **Torre de les Hores**, der Stundenturm.

Praktische Hinweise

Information

Oficina de Turisme, Plaça Major, 7, Pals, Tel. 972 63 73 80, www.pals.cat

Hotel

TOP TIPP *****Mas de Torrent**, Afores de Torrent, Torrent (südwestlich von Pals), Tel. 902 25 50 321, www.mastorrent.com. Das Gehöft aus dem 18. Jh. wurde in ein modernes Luxushotel mit 30 Zimmern umgewandelt. Swimmingpool im Garten. Tennisplätze und Fahrradverleih. Ein angegliederter bekannter 18-Löcher-Golfplatz bietet die Möglichkeit, sein Handicap auf die Probe zu stellen.

19 Begur

TOP TIPP *Städtebauliches Juwel rings um einen markanten Hügel mit Überresten eines Castells aus dem 11. Jh.*

Die strahlend weißen Häuschen von Begur breiten sich etwa 4 km von der Küste malerisch am Fuß eines rund 200 m hohen, buschbestandenen Hügels aus. Der Ort wird optisch dominiert von den Überresten eines kreisrunden **Castells**, das im 11. Jh. geschickt in das steile Felsennest gebaut wurde, das den Hügel krönt. Die heute mageren Mauerreste der 1067 erstmals erwähnten Burg ragen kaum noch über die meterhohen Felsen hinaus, gelten aber seit 1934 als nationales Monument. Bemerkenswert ist der weite **Blick**, der sich vom Burghügel öffnet. Bei klarem Wetter reicht er über das felsenreiche *Cap de Begur* zu den Medes-Inseln und sogar bis Roses. Landeinwärts flachen die Hügel zur Ebene des Empordà hin ab.

Im Ortsbild von Begur fallen mehrere runde steinerne Wachtürme auf, die z. T. noch vollständig erhalten sind. Diese 10–12 m hohen **Atalayas** entstanden im 16. Jh. zum Schutz der Siedlung vor Piratenüberfällen. Auch die Türme selbst waren gesichert. Eine Tür befindet sich erst im 1. Stock und kann nur über eine Leiter erreicht werden. Die **Atmosphäre** des im Sommer viel besuchten Städtchens ist wohltuend unspektakulär. Dabei ist ein Spaziergang durch die in weiten Teilen erhaltenen mittelalterlichen

Oben: *Wie eine natürliche Festung beherrscht der Fels von Begur Städtchen und Umland*

Unten: *Farbenprächtig locken die landestypischen Töpferwaren in den Straßen von Pals*

Die Eichenwälder um Palafrugell sorgen dafür, dass weiterhin die Korken knallen

Gassen ein Genuss, vor allem in der Fußgängerzone um die kleine Kirche im Ortszentrum. Hier sind viele der meist zweistöckigen Häuser mit grünen Laubengängen geschmückt, Geschäfte bieten Kunsthandwerk und Souvenirs an. Unübersehbar ist die internationale Vielfalt des kulinarischen Angebots.

Ausflüge

Von Begur schlängelt sich eine gut ausgebaute Straße die üppig bewachsenen Hänge hinunter zu den kleinen Buchten nördlich und südlich des *Cap de Begur*. Einen Besuch lohnen die meist etwas kiesigen Strände der Dörfer **Sa Tuna** sowie **Aiguafreda** und **Sa Riera**, wo sich an der im Prinzip felsigen Küste einige idyllische Plätze finden lassen.

Ein nicht gerade billiges Terrain für Ferienhäuser erstreckt sich an den Hängen oberhalb von **Aiguablava** und **Fornells**. Das sind Buchten für ein betuchtes Publikum. In Aiguablava, wörtlich ›blaues Wasser‹, führen vom Ende der Straße Stufen zu einem Bootshäuschen am kleinen Strand. Das Wasser ist klar, die Bucht einladend friedlich – hier möchte man einige Tage bleiben!

i Praktische Hinweise

Information

Oficina de Turisme, Avenida Onze de Setembre 5, Begur, Tel. 972 62 45 20, www.begur.cat

Hotels

TOP TIPP ****__Aigua Blava__, Platja de Fornells, Begur, Tel. 972 62 20 58, www.hotelaiguablava.com. Das Haus besticht durch die Lage direkt an kleiner Felsenbucht, freundlichen Service und exzellente Küche. Mehrere Zimmer mit Terrasse zum Meer, im hinteren Teil des Hauses mit Blick auf den ausgedehnten Garten. Von 21.10.–17.4. geschlossen.

****__Parador de Aiguablava__, Platja d'Aiguablava, Begur, Tel. 972 62 21 62, www.parador.es.
In Pinienhainen eingebettet, grandios gelegenes Luxushotel, idyllisch über steilen Klippen und kleinem Sandstrand.

Restaurant

TOP TIPP **Can Torrades**, Carrer Concepció Pi i Tetó 5, Begur, Tel. 972 62 28 81,.
In dem Gewölbelokal mit Landhausambiente werden ausgezeichnete Gerichte zu moderaten Preisen serviert. Spezialität: Grillgerichte (Okt.–15. Apr. geschl.).

An den Stränden um Begur und Palafrugell feiert man die Feste, wie sie fallen

Sonnenanbeter und Wasserratten tummeln sich im Sommer in der Bucht von Tamariú

20 Palafrugell

Erstklassige Korken für spanischen Sekt und Wein.

Die größte Stadt der mittleren Costa Brava (20 000 Einw.) liegt etwa 1,5 km von der Küste entfernt und ist bekannt als Geburtsort des katalanischen Schriftstellers **Josep Pla** (1897–1981), der sich in seinen Werken eingehend mit den Kulturtraditionen der Costa Brava beschäftigt hat. Neben seinem Geburtshaus wurde in der Carrer Nou 51 das kleine Museum **Fundació Josep Pla** (Tel. 972 30 55 77, www.fundaciojoseppla.cat, 15. Juni–15. Sept. Di–Sa 10–13 und 17–20.30, So 10–13, sonst Di–Fr 17–20, Sa 9.30–13 und 17–20, So 10–13 Uhr) eingerichtet, das in einer Ausstellung das Leben und Wirken des Autors vorstellt. Hauptsächlich aber verwaltet die Fundació die umfangreiche Bibliothek Plas, die vor allem für Studierende und Wissenschaftler interessant ist, umfasst sie doch rund 5000 Bücher zur katalanischen Literatur und einige Manuskripte Plas.

Von großer wirtschaftlicher Bedeutung für das im Mittelalter gegründete Palafrugell ist die Korkverarbeitung. Sie besteht seit dem 18. Jh. und gründet auf der Nachfrage nach Wein- und Sektkorken. Die alte, 1904 im Stil des Modernisme erbaute Korkfabrik **Fábrica de Suro Armstrong** dient heute als Industriedenkmal, die Produktionsstätten wurden in ein anderes Gebäude verlegt. Mit seiner historischen und technischen Dokumentation lädt das Korkmuseum **Museu del Suro** (Tel. 972 30 78 25, www.museudelsuro.cat, 15. Juni–15. Sept. Di–Sa 10–13 und 17–21, So 10.30–13.30, sonst Di–Sa 17–20, So 10.30–13.30 Uhr) in der Carrer Tarongeta ein. Hier kann man Betrachtungen über die überraschende Vielfalt eines ungewöhnlichen Materials anstellen.

Ausflüge

Touristisch spielt die Musik an einigen der landschaftlich schön gelegenen Buchten, die sich, von begrünten Hügeln eingefasst, östlich und südöstlich von Palafrugell aneinanderreihen. Im Sommer belebt sich etwa die kleine, 1,5 km von Palafrugell entfernte sandige TOP TIPP **Platja de Tamariú**. Sie zieht sich rund 150 m lang um den Scheitelpunkt einer tief eingeschnittenen, gleichmäßig geformten Bucht, der die hier wachsenden Tamarindenbäume ihren Namen gaben.

i Praktische Hinweise

Information

Oficina de Turisme,
Entrada Palafrugell, Av. Generalitat, 33,
Palafrugell, Tel. 972 30 02 28
www.visitpalafrugell.cat

Anders als in der Modewelt ist der Laufsteg von Calella de Palafrugell für alle da

Hotels

******El Far**, Platja de Llafranc, Palafrugell, Tel. 972 30 16 39, Fax 972 30 43 28, www.elfar.net. Übernachten neben einem Leuchtturm in einsamer Lage mit wundervollem Blick aufs Meer.

*****Hostalillo**, Carrer Bellavista 22, Tamariú, Tel. 972 62 02 28, Fax 972 62 01 84, www.hotelhostalillo.com. Angenehme, kleinere und reizvoll gelegene Anlage über dem felsigen Teil der Bucht, alle 70 Zimmer mit Meeresblick.

***Tamariú**, Passeig del Mar 2, Tamariú, Tel. 972 62 00 31, www.tamariu.com. Nettes, familienfreundliches Hotel am Strand. 24 Zimmer, einige mit Balkon zum Meer.

Restaurant

Es Dofí, Passeig del Mar 21, Tamariú, Tel. 972 62 00 43. Fischrestaurant mit angenehmer familiärer Atmosphäre.

21 Calella de Palafrugell

Wenn am Abend die rote Sonne im Meer versinkt, erklingen die Havaneres.

Calella, wie ihn die Einheimischen kurz nennen, ist ein weiterer beliebter **Badeort** vor der Haustür von Palafrugell. Der meist grobsandige Strand des pittoresken Dorfes erstreckt sich, immer wieder von Felsen unterbrochen, über mehrere Buchten und zieht vor allem katalanische Feriengäste an, die hier seit Generationen Wochenendhäuser besitzen. Auch wenn in den Sommermonaten die **Urlaubsstimmung** hohe Wellen schlägt, präsentiert sich die Costa Brava hier doch eher von ihrer individualtouristischen Seite. Probieren sollte man in Calella de Palafrugell den *Cremat*, Kaffee mit Rum und Zimt. Es heißt, das Rezept dieser lokalen Spezialität sei über Jahrhunderte mündlich überliefert worden.

TOP TIPP Kultureller Höhepunkt des Jahres ist die **Cantada d'Havaneres** am 1. Samstag im Juli auf der Plaça del Port Bo. Das Liederfestival erinnert an alte, ursprünglich aus Kuba und von anderen karibischen Inseln stammende Melodien, die von Seeleuten nach Katalonien gebracht wurden. Begleitet werden die *Havaneros*, die Sänger der oft schwermütig klingenden Weisen, von Gitarre und Akkordeon.

In **Cap Roig** unweit südlich von Calella – nicht zu verwechseln mit dem Cap Roig bei Platja d'Aro – liegt der **Jardí Botànic de Caixa de Girona** (Apr.–Sept. tgl. 9–20, sonst bis 18 Uhr). Ein russischstämmiger Oberst legte diesen Botanischen Garten mit Schloss 1927 an, als er sich mit seiner englischen Frau hier niederließ. Der 8 ha große *Landschaftsgarten* bietet vielfältige mediterrane Flora. Der Rundgang führt vorbei an dem kleinen Schloss und über Terrassen zu einem Kakteengarten. Vom nahe gelegenen **Aussichtspunkt** oberhalb der kleinen *Formigues-Inseln* hat man einen sehr guten Blick über die Felsküste.

Praktische Hinweise

Information

Oficina de Turisme, C. de les Voltes, 6, Calella de Palafrugell, Tel. 972 61 44 75, www.visitpalafrugell.cat.

Hotel

TOP TIPP ***Sant Roc, Plaça Atlàntic 2, Calella de Palafrugell, Tel. 972 61 42 50, www.santroc.com.
Ruhiges, sehr stilvolles und schön auf einer Klippe gelegenes Drei-Sterne Hotel mit herrlichem Blick auf den hauseigenen Garten und die Bucht.

22 Palamós

Reger Hafen, flankiert von schönen Stränden.

Nicht nur der Tourismus prägt das Leben der 17 000 Einwohner von Palamós, obwohl der breite **Sandstrand** dafür günstige Voraussetzungen bietet. Trotz des Hotel- und Apartmentgürtels um die Altstadt sind Wirtschaft und Handel für die umtriebige Hafenstadt nach wie vor von zentraler Bedeutung.

Palamós wurde 1277 gegründet, und bald entwickelte sich dank der in dieser Gegend einst dichten Eichenwälder eine blühende **Kork verarbeitende Industrie**, für die 1279 ein großer **Hafen** angelegt wurde. Von ihm nahm Ende des 13. Jh. die Eroberung Siziliens unter Pere el Gran ihren Ausgang, und Juan d'Austria segelte mit der spanischen Armada 1571 von Palamós aus in die Seeschlacht von Lepanto.

Die ganze wilde Schönheit der Costa Brava zeigt sich um Calella de Palafrugell

Für die Wirtschaft der Stadt ist die Korkverarbeitung heute von untergeordneter Bedeutung, dafür spielt die **Fischerei** nach wie vor eine große Rolle. Die breite, stark befahrene Uferpromenade zieht sich entlang der **Platja de Palamós**, die auf mehr als 500 m mit hellem Sand, Liegestuhlverleih, Duschen, Wasserwacht und Imbissbuden aufwarten kann. Sie endet im Osten nahe der *Iglesia Parroquial Santa Maria del Mar*. Bei der schlichten gotischen Pfarrkirche beginnt auch die **Altstadt**, die sich auf einer kleinen, etwas erhöhten Landzunge drängt. Westlich davon liegen die ausgedehnten Anlagen des alten *Fischerei- und Industriehafens*. Im Osten der Halbinsel entstand der moderne **Jachthafen** mit dem *Club Nàutic*. Jeden Dezember findet vor der hiesigen Küste die *Christmas Race* (www.christmasrace.org) statt, bei dem die Top-Segler diverser olympischer Bootsklassen ihre Fähigkeiten messen.

i Praktische Hinweise

Information

Oficina de Turisme, Passeig del Mar, Palamós, Tel. 972 60 05 50, www.palamos.cat

Hotels

***__Trias__, Passeig del Mar 7, Palamós, Tel. 972 60 18 00, Fax 972 60 18 19, www.hoteltrias.com. Unweit des Hafens, direkt an der Uferpromenade gelegen, fällt das achtstöckige Hotel neben seinen teils weit höheren Nachbargebäuden angenehm auf. Kleiner Garten mit Swimmingpool.

**__Hostal Residencia Catalina__, Carrer Foment 16, Palamós, Tel. 972 31 43 86, Fax 972 31 20 81, www.hostalcatalina.com. Ruhige Lage in Strandnähe.

23 Platja d'Aro

Opus und Opfer des Touristikbooms.

Platja d'Aro dient wie das weiter südwestlich gelegene Lloret de Mar als ein Zentrum des Massentourismus an der Costa Brava. Der Badeort entstand erst in den 1930er-Jahren als Vorort des weiter landeinwärts gelegenen, noch heute recht idyllischen **Castell d'Aro** und hat während der vergangenen Jahrzehnte gewaltige Ausmaße angenommen. Während der Saison lockt der breite, kilometerlange helle **Sandstrand** Sonnenhungrige und Surfer an. Ihn säumen hoch aufragende Hotel- und Apartmentanlagen. An der Uferpromenade und in den Straßen der strandnahen Neubauviertel wirbt eine unübersehbare Zahl von Restaurants und Bars, Sportschulen, Touranbietern, Autoverleihern und Souvenirläden um Kunden.

Nicht weniger turbulent geht es im nahen Wasserpark **Aquadiver** (Carretera Circumval.lació S/N, 17250 Castell-Platja d'Aro,

Badespaß im Zeichen des Massentourismus: Der Strand von Platja d'Aro

An Jugendstil und den Lauf der Zeit erinnert die Sonnenuhr von Sant Feliu

Tel. 972 82 82 83, www.aquadiver.com, 9.6.–11.4. tgl. 10–18.30, Juli/Aug. bis 19 Uhr) zu, wo mehrere Rutschen, ein Wellenbad sowie Thermal- und Schwimmbecken Badevergnügen versprechen. Der Eintrittspreis richtet sich nach der Körpergröße: Kleine zahlen weniger.

Im Sommer ist Platja d'Aro (9 800 Einw.) mit rund 100 000 Gästen so bevölkert wie eine mittelgroße Stadt, in den Wintermonaten hingegen wirkt es nahezu ausgestorben. Dann schließen auch viele der Einrichtungen, die zur Ferienmaschinerie gehören. Ob dieses Urlaubszentrum Besichtigungswert besitzt, muss jeder Reisende für sich entscheiden.

i Praktische Hinweise

Information

Oficina de Turisme, Mossén Cinto Verdaguer 4, Platja d'Aro, Tel. 972 81 71 79, www.platjadaro.com

Hotels

******Columbus**, Passeig Marítim 100, Platja d'Aro, Tel. 972 81 71 66, www.eurocolumbus.es. In der ersten Reihe am Strand mit Swimmingpool und Tennisplätzen.

*****Cosmopolita**, Pineda del Mar 30, Platja d'Aro, Tel. 972 81 73 50, Fax 972 81 74 50. Einfaches Hotel direkt am Strand.

***Bell Repós**, Carrer Verge de Carme 18, Platja d'Aro, Tel. 972 81 71 00, www.hotelbellrepos.com. Familiäres, zentral gelegenes Haus, nah am Strand, ideal für einen Strandurlaub.

Restaurant

Casa Viart, Galerias Albatros 130, 17250 Platja d'Aro, Tel. 972 82 67 46, www.casaviart.com. Marktfrische Bioküche mit vorzüglichen Tapas, Reis- und Fischspezialitäten (fabelhaftes Tunfisch-Tataki). Preiswerte Mittagsmenüs. Unbedingt reservieren! Mo sowie Di, Mi, So abend außerhalb der Hochsaison geschl.

24 Sant Feliu de Guíxols

Kleiner Strand, umgeben von viel Grün – einer der interessantesten Küstenorte der Costa Brava.

Das gemäßigte Klima und die malerische, waldreiche Umgebung ließen Sant Feliu de Guixols (20 000 Einw.) bereits Ende des 19. Jh. zu einem **Erholungsort** werden. Die Entwicklung wurde hier jedoch nicht zu stark auf den Tourismus zugeschnitten, sodass die im Mittelalter nach Palafrugell zweitwichtigste Stadt des Empordà bis heute wenig von ihrer Authentizität eingebüßt hat und ohne Zweifel einer der interessantesten Küstenorte der Costa Brava ist.

Sant Feliu de Guixols hat ein traditionsreiches und ein jüngeres Gesicht. Umgeben von ausgedehnten Neubauvierteln liegt zwischen Bucht und Altstadtkern die Uferpromenade. Sie zieht sich entlang des rund 400 m langen, bis zu 30 m breiten, sandigen Hausstrandes **Platja Sant Feliu**. Den bereits 1834 angelegten *Passeig del Mar* säumen historische ebenso wie moderne Fassaden. Ins Auge fallen beispielsweise der Jugendstilbau des **Casino dels Nois** oder das Haus Nr. 40, die **Casa Patxot**, mit der Handelskammer, in der eine Ausstellung von Korkarbeiten eingerichtet wurde.

Mittelpunkt der Altstadt ist die **Plaça del Mercat**. Die *Alte Markthalle* an ihrer Seite stammt von 1929 und ist an der starkfarbigen Jugendstil-Sonnenuhr über dem Eingang deutlich zu erkennen.

Sehenswert ist die unweit westlich an der *Plaça Monestir* gelegene Kirche aus dem 14. Jh. mit ihrem Kreuzgewölbe und den plastisch gearbeiteten Bandreliefs. Sie war Teil eines nicht mehr existierenden **Benediktinerklosters**, das bereits 968 urkundlich erwähnt wurde. Es war dem legendenumrankten hl. Felix geweiht, der in der hiesigen Bucht ertränkt worden sein soll. Ungeklärt ist, wozu die der Fassade vorgesetzte **Porta Ferrada**, das Eiserne Tor, aus dem 9./10. Jh. mit einer dreiteiligen romanischen Arkadengalerie diente.

Entlang der Küste bei Sant Feliu de Guixols tun sich geschützte Buchten und Strände auf

Auf dem **Friedhof** von Sant Feliu am südlichen Stadtrand befindet sich das Grab von Josep Puig i Cadafalch (1867–1956), einem der großen Architekten des Modernisme. Von der **Ermita Sant Elm** auf dem südwestlich gelegenen, ganze 99 m hohen *Puig i Castellar* hat man eine herrliche **Aussicht** über die Stadt und die raue Felsenküste. Der Erinnerungsstein vor dem zur Einsiedelei gehörenden Wallfahrtskirchlein *Sant Telmus* trägt Verse des Dichters Ferran Argullo, dem die Costa Brava ihren Namen verdankt [s. S. 18].

An das städtische Zentrum schließt sich im Norden die **Platja de Sant Pol** mit weiteren prächtigen Jugendstilhäusern an. Sie ist zum Baden besser geeignet als der Hauptstrand, denn sie ist etwas länger und läuft flacher aus.

TOP TIPP Die auch bei Radfahrern beliebte **Küstenstraße zwischen Sant Feliu de Guixols und Tossa de Mar** gehört zu den landschaftlich schönsten Strecken entlang der Costa Brava. Enge Kurven wechseln mit weiten Kehren und geben den Blick frei auf Buchten und Strände der zerklüfteten Küste, von der dicht bewaldete, von Pinien, Stein- und Korkeichen bewachsene Bergflanken steil emporsteigen. Mehrere **Aussichtspunkte** an dieser Strecke ermöglichen einen entspannten Genuss des herrlichen Panoramas.

Praktische Hinweise

Information

Patronat Municipal de Turisme, Plaça del Mercat 28, Sant Feliu de Guixols, Tel. 972 82 00 51, www.guixols.cat

Hotels

*******Hostal de la Gavina**, Plaça Roserar s/n, S'Agaro, 2 km nördlich von Sant Feliu de Guixols, Tel. 972 32 11 00, www.lagavina.com.
Das Hotel ist eine der großen alten Damen der Luxushotellerie Kataloniens und gehört zum erlesenen Kreis der ›Leading Hotels of the World‹. Es beherbergte bereits Liz Taylor, Ava Gardner und Frank Sinatra.

******Caleta Park**, Platja de Sant Pol s/n, S'Agaro, Tel. 972 32 00 12, Fax 972 32 40 96, www.confortelcaletapark.com. Das oberhalb des Strandes gelegene Hotel bietet einen schönen Meerblick (Okt.–März geschl.).

Vom Hang oberhalb der Altstadt bietet Tossa de Mar einen reizenden Anblick

***Hostal del Sol**, Carretera a Palamós 194, Sant Feliu de Guixols, Tel. 972320193, Fax 972820687, www.hostaldelsol.cat. Gediegene Unterkunft in Jugendstilbau mit großem Garten (Nov.–März geschl.).

***Plaça**, Plaça del Mercat 22, Sant Feliu de Guixols, Tel. 972325155, Fax 972821321, www.hotelplaza.org. Modernes Stadthotel an dem kleinen Marktplatz. Mit seinen 16 Zimmern sehr familiär. Kein Restaurant.

Restaurants

Bahia, Passeig del Mar 17, Sant Feliu de Guixols, Tel. 972320219. Katalanische Fischspezialitäten, wie *Sepia* (Tintenfisch) mit Reis.

Cau del Pescador, Carrer Sant Domènec 11, Sant Feliu de Guixols, Tel. 972324052. Gepflegtes Fischlokal mit traditionellen Reis- und Nudelgerichten.

Eldorado, Rambla Vidal 19, Sant Feliu de Guixols, Tel. 972321414. Ausgezeichnete Küche mit stets frischen Fischgerichten und Meeresfrüchten.

25 Tossa de Mar

Perle der südlichen Costa Brava.

1933 hielt sich **Marc Chagall** in der Stadt an der Mündung der *Riera de Tossa* auf und war von ihrem Charme so hingerissen, dass er sie ›blaues Paradies‹ nannte. Ihm folgten andere Künstler und Intellektuelle, durch die das einstige römische *Turissa* auch international bekannt wurde.

Heute zieht Tossa dank seiner ausgedehnten feinen weißen *Sandstrände* vor allem junges Publikum und Familien an. Bei der touristischen Erweiterung des Ortes wurde darauf geachtet, dass sich die rund 800 Jahre alte, historische *Oberstadt* auf einem Hügel am Meer und die neue, sich nordwestlich anschließende Ortshälfte ohne Bruch ergänzen.

Die **Lage** von Tossa de Mar ist grandios. Geschützt von den *Cadiretes-Bergen* im Norden schmiegt sich das 5000-Seelen-Städtchen an die sandige Bucht mit den sehr sauberen Stränden. Ihr südliches Ende, die **Vila Vella** aus dem 12. Jh., liegt auf einer Halbinsel. Diese mittelalterliche, von Mauern und Wehrtürmen befestigte Altstadt mit ihrer homogenen Bebauung aus hervorragend restaurierten Häusern steht vollständig unter Denkmalschutz, ist bewohnt und lebendig. Einladend wirken die Restaurants und Terrassen an den verwinkelten Gassen und Treppen, die zur zentralen *Plaça Pintor* bzw. an einer verfallenen Kirche vorbei zum **Leuchtturm** hinaufführen. Von dort ist die schöne Badebucht der **Platja d'Es Codolar** südlich der Vila Vella zu überblicken. Und jetzt versteht man auch die Worte des Schriftstellers Josep Pla (1897–1981): »Das beste von Tossa ist seine Luft, sein Licht, sein Profil, seine Farbe, sein Leben ...«.

Künstlerische Ergänzung findet der angenehme Eindruck von Tossa in der Gemäldesammlung des **Museu Municipal** (Tel. 972 34 07 09, ww.tossademar.com/museu, Juni–Sept. Di–Sa 10–20, So/Mo 10–14 und 16–20 Uhr) an der *Plaça Roig i Soler* inmitten der Altstadt. Die Exponate des in dem ehem. Gouverneurspalast untergebrachten Stadtmuseums reichen von der Antike bis zur Moderne. Hier wurde übrigens die erste Abteilung für **zeitgenössische Kunst** in einem spanischen Museum überhaupt eröffnet. Von besonderem Interesse sind die Bilder einiger russischer Maler, allen voran jene von Marc Chagall (1887–1985), der sich in Tossa zu seinem Werk *Der himmlische Violinspieler* inspirieren ließ.

Blickfang an der von Restaurants und Pensionen gesäumten Strandpromenade ist das Möwendenkmal. Der *Passeig del Mar* begrenzt die knapp 400 m lange und 50 m breite *Platja Gran* zur **Vila Nova**, der Neustadt, hin. Der saubere, etwas grobe Sand zieht im Sommer stets zahlreiche Besucher an.

Die **Vila Romana** an der *Avinguda del Pelegrí* westlich der Vila Nova und nördlich eines kleinen Geschäftsviertels umfasst Reste einer römischen Siedlung aus dem 1.–5. Jh. Zwei Häuser wurden bislang ausgegraben, ein Ende der Arbeiten ist bislang nicht abzusehen.

i Praktische Hinweise

Information

Oficina Municipal de Turisme, Avinguda del Pelegri 25, Tossa de Mar, Tel. 972 34 01 08, Fax 972 34 07 12, www.infotossa.com

Bar

TOP TIPP **La Lluna**, Carrer Abat Oliba 10, Tossa de Mar, Tel. 972 34 25 23. Die leckeren und vielfältigen Tapas sind allesamt hausgemacht, zum Teil nach alten Rezepten. Von der Terrasse bietet sich ein toller Blick über die Bucht.

Hotels

*****Florida**, Avinguda de la Palma 12, Tossa de Mar, Tel. 972 34 03 08, Fax 972 34 09 53, www.hotelflorida.biz. Freundliches, zentral gelegenes Haus mit kleinem Garten.

****Diana**, Plaza de Espana 6, Tossa de Mar, Tel. 972 34 18 86, Fax 972 34 11 03, www.diana-hotel.com. Nächtigen in einem Juwel des Jugendstils. Nach Zimmern mit Originalausstattung und Meeresblick fragen!

Hostal del Mar, Passeig de Mar/Carrer Bernats 16, Tossa de Mar, Tel. 972 34 00 80. Günstig lässt es sich in dieser gepflegten kleinen Pension übernachten. Unbedingt Zimmer mit Meeresblick buchen!

Restaurant

Es Congre, Passeig de Mar 43, Tossa de Mar, Tel. 972 34 01 38, www.restaurantes-congre.es. Hübsches Lokal am Strand. Spezialität des Hauses ist *Paella*.

***Cap d'Or**, Passeig de Mar 1, Tossa de Mar, Tel. 972 34 00 81, www.hotelcapdor.com. Kleiner Familienbetrieb in einer umgebauten ehemaligen Fischfabrik direkt am Hauptstrand.

26 Lloret de Mar

Das Manhattan der Costa Brava.

Angesichts der mehrstöckigen Hotel- und Apartmentbauten, die den Großteil von Lloret de Mar ausmachen, kann man leicht vergessen, dass die Siedlung über 2000 Jahre alt ist. Iberer und Römer wirkten an der Geschichte des Ortes mit, der in nicht allzu ferner Vergangenheit ein verschlafenes Fischerdörfchen war – mit einem hübschen, bis zu 40 m breiten Sandstrand. Der seit den 1950er-Jahren ausufernde Tourismus veränderte es bis zur Unkenntlichkeit. Lloret dient als Studienobjekt des **Massentourismus** samt seiner Schattenseiten. Inzwischen besinnt man sich verstärkt auf das kulturelle Erbe. Mit einem umfangreichen Angebot an Hotels und Privatunterkünften übersteigt die Gästekapazität die Anzahl von 35 000 Einwohnern um ein Vielfaches..

Die meist jüngeren Urlauber nutzen die günstigen Angebote heimischer Reiseveranstalter und stürzen sich hier voll

Tanzen bis zum Morgengrauen gehört für die jungen Urlauber in Lloret de Mar zum Leben

ins Vergnügen. **Unterhaltung total** ist garantiert, denn in dieser Hinsicht lässt Lloret nichts zu wünschen übrig. Das Gesamtkunstwerk aus Bettenburgen, Restaurants, Souvenirläden, Supermärkten und Diskotheken gleicht einem Rummelplatz. Wer in der ›Fremde‹ dennoch an Heimweh leidet, wird zur Kur sicher eine Pilsbar mit heimatlich klingendem Namen finden. Die wie mit dem Lineal gezogene Strandpromenade erstreckt sich zwischen dem *Passeig de Agusti Font* und der knapp 1,5 km langen, grobsandigen **Platja de Lloret**. Spätestens ab der Mittagszeit herrscht hier im Sommer undurchschaubares Menschengewimmel. Der schöne, breite und recht saubere Strand geht am nördlichen Ende in drei kleine Buchten über. Dort erhebt sich das viel fotografierte **El Castell** aus dem 20. Jh., das auf einem kurzen Spaziergang am Wasser entlang zwar erreicht, jedoch nicht besichtigt werden kann. Parallel zur Strandpromenade verläuft der *Passeig Jacint Verdaguer*. Hier stehen die Ende des 19. Jh. errichteten **Cases Garriga.** Die beiden Villen beherbergen neben der Touristeninformation das **Museu del Mar** (Mo–Sa 9–13 und 16–19, So 10–13 und 16–19 Uhr, Einlass bis 60 Min. vor Schließung). Das Meeresmuseum vermittelt ein Bild vom historischen Lloret de Mar. In der Nähe erhebt sich inmitten der Fußgängerzone die *Plaça de l'Església* mit der Pfarrkirche **Sant Romà** aus der ersten Hälfte des 16. Jh. mit buntem Kachelschmuck an Kuppel und Türmchen.

Ausflüge

Die Barockkirche der zwischen Lloret de Mar und Blanes gelegenen **Ermita Santa Cristina** ist alljährlich am 24. Juli Schauplatz der **Fiesta major**, des Patronatsfestes zu Ehren der hl. Christina. Der Legende zufolge wurde der Leichnahm der Märtyrerin um das Jahr 300 beim italienischen Bolsena ins Meer geworfen, jedoch später in Lloret unversehrt an Land geschwemmt. Das Wunder wird mit einer **Meeresprozession** der Fischer und dem traditionellen Eintopfessen gefeiert. Am folgenden Tag werden die Feierlichkeiten mit dem Hochzeitstanz *Les almorratxes* abgeschlossen.

i Praktische Hinweise

Information

Oficina de Turisme, Avenida Les Alegries 3, Lloret de Mar, Tel. 972 36 57 88, www.lloretdemar.org

Nachtleben

Casino de Lloret, Dels Esports 1, Lloret de Mar, Tel. 972 36 61 16, www.casino-lloret.com. An Geldspielautomaten oder beim Roulette kann man sein Glück probieren. Mehrere angegliederte Bars und Restaurants laden zum Feiern ein. Am Wochenende gibt es Musik- und Tanzveranstaltungen (tgl. 17–4 Uhr).

Disco Tropic's, Avinguda Just Marlés 35, Lloret de Mar, www.discotropics.com. Sollte auf einer der drei Tanzflächen kein Platz mehr sein, kann man auf die Terrasse ausweichen. Ab Mitternacht geht's rund.

Aufstieg zu lichten Höhen: Garten Marimurtra über der Felsenküste von Blanes

Hotels

****Roger de Flor Palace**, Turó de l'Estelat s/n, Lloret de Mar, Tel. 972 36 48 00, Fax 972 37 16 37, www.hotelrogerdeflor.com. Ruhig gelegenes Luxushotel in einem schönem Gebäude hoch über dem Trubel des Ortes. Außerdem gibt es einen Swimmingpool im Garten und zum Strand sind es nur 10 Min.

****Santa Marta**, Platja de Santa Cristina, Lloret de Mar, Tel. 972 36 49 04, www.hstamarta.com.
Das außerhalb von Lloret de Mar gelegene Hotel bietet Ruhe und einen eigenen Strand.

***La Carolina**, Senia del Barral 72, Lloret de Mar, Tel. 972 36 50 58.
www.hotellacarolina.com. Vergleichsweise kleines Hotel mit 67 Zimmern in einer ruhigeren ›Wohngegend‹. Swimmingpool im Garten.

Restaurants

Jimmy's, Carrer Sant Roma 24, Lloret de Mar. Unprätentiöse, auch bei den Einheimischen beliebte *Tapas*-Bar.

El Trull, Urbanisación Playa Canyelles, Lloret de Mar, Tel. 972 36 49 28, www.eltrull.com. Etwas außerhalb gelegen, doch der Weg lohnt, wenn man gepflegte Atmosphäre und leckere Fischgerichte schätzt.

27 Blanes

Vom einstigen gräflichen Besitz am Meer zum allseits beliebten Urlaubsort.

Blanes liegt an der Mündung des *Río Tordera* am südlichen Rand der Provinz Girona um eine lang gestreckte Bucht, die sich von der Landzunge Santa Anna im Osten bis zu dem Felsvorsprung Sa Palomera im Westen erstreckt.

Die lebendige Stadt mit ihren rund 35 000 Einwohnern kann als regionales Zentrum gelten. Die wichtigsten Wirtschaftszweige sind neben Tourismus Kleinindustrie mit Kork und Textilien sowie Fischerei. Am regen **Hafen** beginnt auch die **Platja de Blanes**, beliebter ist aber bei Urlaubern der angrenzende Hauptstrand **Platja de S'Abanell**. Mehr als 3 km zieht er sich auf knapp 60 m Breite nach Südwesten hin, stets begleitet von der belebten Uferpromenade.

Die geschäftige Innenstadt von Blanes erstreckt sich westlich des Hafens und liegt am Fuß des 166 m hohen Hügels **Sant Joan** mit gleichnamiger Kapelle. Daneben sind die Überreste des bis ins 11. Jh. zurückreichenden **Castell de Sant Joan** zu sehen, von dem nur noch der Turm *Torre del Homenaje* aus dem frühen 16. Jh. erhalten ist. Im Zentrum verdienen einige architektonisch interessante *Bürgerhäuser* des 18. und 19. Jh. Aufmerksamkeit. Schöne Beispiele sieht man entlang des Passeig de Dintre und der Carrer Ample. Hier gibt es außerdem einen wundervoll gearbeiteten **gotischen Brunnen** zu entdecken. Er trägt das Wappen der mächtigen *Vizegrafen Cabrera*, denen Blanes von der Mitte des 11. Jh. bis ins späte 17. Jh. gehörte. Von den Anfängen der Stadt, die als *Blanda* bereits in römischer Zeit bestand, gibt es kaum archäologische Zeugnisse. Unweit nördlich, in der Carrer Nou, liegt die Pfarrkirche **Santa Maria** (14. Jh.), die einst einen Gebäudekomplex mit dem benachbarten Palast der Cabrera aus dem 17. Jh. bildete.

Unbedingt lohnend ist ein Bummel am Hafen entlang der Kais und über die Mole zurück, wenn die **Fischauktionen** und der **Fischmarkt** (Mo–Fr nachmittags) stattfinden. Hier kann man zusehen, wenn die Fänge angelandet, Netze geflickt oder Boote abgedichtet werden. In den umliegenden Hafenrestaurants wird Fangfrisches vom Tage serviert.

»Kennst du das Land, wo die Zitronen blühn …«. Die Verse aus Goethes *Mignon* sind auf einer Steintafel nachzulesen, die inmitten des **Jardí Botànic Marimurtra** (Tel. 972 33 08 26, www.marimurtra.cat, Juni–Sept. tgl. 9–20, April/Mai, Okt. tgl. 9–18, Nov.–März tgl. 10–17 Uhr) aufgestellt wurde. Dieser Botanische Garten mit dem Beinamen ›Meer und Myrte‹ liegt in schöner Hanglage über dem Meer am Passeig Carles Faust 9. Der Deutsche Karl Faust erwarb hier 1924 ein Grundstück, das im Lauf der zeit zu dem heute 5 ha großen Areal erweitert wurde. In dem Garten gedeihen 4000 Pflanzenarten aus verschiedenen Klimazonen, u. a. Palmen, Eukalyptusbäume, Zypressen und Kakteen.

TOP TIPP

i Praktische Hinweise

Information

Patronat Municipal de Turisme, Passeig Catalunya 2, Blanes, Tel. 972 33 03 48, www.visitblanes.net

Hotel

****__Blaumar__, Avenida Villa de Madrid 31, Blanes, Tel. 972 35 13 01, www.blaumarblanes.com. Angenehmes Mittelklassehotel in Strandnähe am südwestlichen Stadtrand mit Garten und Swimmingpool.

Schau- und Kauflustige erwarten am Nachmittag in Blanes die heimkehrenden Fischer

Barcelona – Spaniens Tor zu Europa

Die **Hauptstadt** der Autonomen Region Katalonien ist mit 1,6 Mio. Einwohnern nach Madrid zweitgrößte Stadt Spaniens. Im gesamten Einzugsgebiet leben fast 5 Mio. Menschen, damit ist dieser Großraum im ganzen Land am dichtesten besiedelt. Barcelona ist ›in‹. Die Reportagen der Hochglanzmagazine preisen die Mittelmeermetropole an der Mündung des Río Llobregat als wunderschön, elegant, aufregend und weltoffen – nicht umsonst trägt sie den Beinamen **La Guapa**, die Hübsche. Barcelona ist auch eine Stadt der **Kunst** und **Architektur**. Die Maler Joan Miró und Antoni Tàpies wurden hier geboren, Picasso verlebte hier seine Jugend, und heutzutage zieht es junge, aufstrebende Designer aus aller Welt in die katalanische Kapitale. Auch architektonisch vereinen sich Altes und Neues auf's Glücklichste. Neben dem **Barri Gòtic**, dem Gotischen Viertel, ist man stolz auf das **Eixample**, die im Zuge der Industrialisierung des 19. Jh. entstandene Stadterweiterung. Dieser Epoche verdankt Barcelona auch seine zahlreichen **Jugendstilbauten**, die maßgeblich zu dem einzigartigen Erscheinungsbild beitragen. Allein die Arbeiten Antoni Gaudís, sei es die eigenwillige Kirche **Sagrada Familia** oder der **Parc Güell**, rechtfertigen den Ruf Barcelonas als experimentierfreudige Stadt der Architektur. Zu Beginn des 21. Jh. wurde an der Mündung des Flusses Besòs ein 250 ha großes Küstenareal zu einem ganzen neuen Stadtviertel umgestaltet, kurz **Forum** genannt, mit einem Neubau der Stararchitekten Herzog und de Meuron.

Als **Mittelmeerhafen** wurde Barcelona im Mittelalter reich und mächtig, heute genießt man die vielen Freizeitmöglichkeiten, die die Lage am *Mar Medi terráneo* bietet. Das war jedoch nicht immer so. Jahrzehntelang kehrte die Hafenstadt ihrer Seeseite den Rücken zu, die Viertel an der Küste waren berüchtigt. Erst für die **Olympischen Spiele** 1992 öffnete sie sich wieder zum Wasser hin, reinigte Strände, beseitigte Industrieanlagen und schuf einen einladenden *Uferboulevard*. Universität, Banken und Verlage ergänzen das Angebot des modernen Industriestandortes. Barcelona ist auch als eigenständiges Urlaubsziel eine Reise wert. Besonders umfassend informiert der **ADAC Reiseführer Barcelona** über die eindrucksvolle Großstadt. Er stellt alle Sehenswürdigkeiten vom Zentrum bis zu den Außenbezirken ausführlich vor und ist mit fachkundigen Hinweisen und detaillierten Plänen ein hilfreicher Begleiter.

28 Barcelona

Plan hintere Umschlagklappe

Lebenssprühende Metropole, erfüllt von viel Geschichte und großer Aufbruchsstimmung.

Das heutige Barcelona liegt inmitten einer alten Kulturlandschaft. Vor mehr als 2000 Jahren lebten bereits **iberische Stämme** auf dem Hausberg Montjuïc. Im 3. Jh. v. Chr. gründeten **Karthager** den Mittelmeerhafen *Barcino*, den sie nach dem 2. Punischen Krieg (218–201 v. Chr.) an die **Römer** abtreten mussten. Rund um das Forum (heute Plaça Sant Jaume) entwickelte sich die römische Stadt *Colonia Iulia Augusta Paterna Faventia Barcino*, die jedoch im Schatten des mächtigen südlichen Nachbarn Tarraco stand. Das 5. Jh. n. Chr. war das Zeitalter der Völkerwanderung, und ab 414 machten die eingewanderten **Westgoten** das nachmalige Barcelona für rund 100 Jahre zum Zentrum ihres Reiches. 716 wurden die Germanen von den **Mauren** abgelöst, die die Stadt aber nicht wesentlich prägten. 801 eroberte

Fließender Übergang von Natur zu Architektur: Das Gärtnerhäuschen des Parc Güell scheint aus dem Pflanzengrün emporzuwachsen

Ludwig der Fromme, Sohn Karls des Großen, Barcelona für die Christen zurück und erhob es zur Hauptstadt der spanischen Mark des Fränkischen Reiches.

Graf Guifré el Pelós (Wilfried der Behaarte, 878–897) gilt als Begründer der historischen Region Katalonien. Unter seiner Herrschaft hatten sich etliche Grafschaften südlich der Pyrenäen zusammengeschlossen, die von Barcelona aus verwaltet wurden. 988 war daraus die unabhängige **Grafschaft** Barcelona entstanden und dies war gleichzeitig das Geburtsjahr Kataloniens.

Das 13. und 14. Jh. brachte Barcelona durch den **Seehandel** eine Periode wirtschaftlicher Blüte, die sich in reger Bautätigkeit äußerte. Stattliche Bauwerke aus dieser Zeit sind noch heute im Gotischen Viertel zu bewundern. Barcelona war eine der wichtigsten Handelsstädte des Mittelalters, neben Venedig und Genua eine der mächtigsten des Mittelmeers. Die Träger des Wohlstands organisierten sich selbstbewusst im Stadtparlament Corts Catalanes, auch *Corts Cents* genannt, ›Rat der Hundert‹, in dem Kaufmannsgilden und Handwerkerzünfte vertreten waren. Ausdruck der intellektuellen Blüte war die Gründung der **Universität** 1450. Im durch die Heirat von Isabella und Ferdinand geeinten Königreich Kastilien war nach 1469 jedoch wenig Platz für die mächtige katalanische Stadt. 1492 wurde Kolumbus zwar nach seiner ersten Amerikafahrt vom Herrscherpaar noch in Barcelona empfangen, aber das Monopol für den *Amerikahandel* erhielt Sevilla. Damit begann für Barcelona der 300 Jahre andauernde Abstieg in die Bedeutungslosigkeit.

Katalonien fühlte sich von Kastilien missachtet und unterdrückt. Nach mehreren – erfolglosen – Volksaufständen spitzte sich der Konflikt noch zu, als die Katalanen im **Spanischen Erbfolgekrieg** des frühen 18. Jh. die Habsburger unterstützten. Die siegreichen Bourbonen, auf die die Kastilier gesetzt hatten, fielen 1714 in Barcelona ein. Erst als 1768 die spanische Krone den Amerikahandel freigab, begann der wirtschaftliche **Wiederauf-**

stieg der katalanischen Hauptstadt. Das 19. Jh. brachte schnelle industrielle Entwicklung: 1833 nahm in Barcelona Spaniens erste Dampfmaschine den Betrieb auf, 1848 fuhr erstmals die Eisenbahn von hier nach Mataró.

Die Stadt, deren Einwohnerzahl auf 500 000 angewachsen war, platzte Mitte des 19. Jh. aus allen Nähten. 1859 begann man, die alten Umfassungmauern niederzureißen und den **Stadterweiterungsplan** von Ildefons Cerdà (1815–1876) in die Tat umzusetzen. Ab 1860 waren der Baufreude des zu Geld gekommenen Bürgertums keine Grenzen mehr gesetzt. Lluís Domènech i Montaner, Josep Puig i Cadafalch und Antoni Gaudí i Cornetí hießen die Baumeister der Stunde, und der europäische Jugendstil entwickelte in Barcelona mit dem **Modernisme** eine eigene Variante. 1888 richtete Barcelona die **Weltausstellung** aus, wodurch Schaffenskraft und internationale Bedeutung der Stadt Bestätigung fanden. Das Großereignis wiederholte sich 1929. Der gewaltige Industrialisierungsschub des 19. Jh. brachte aber auch soziale Konflikte mit sich. Um 1900 galt Barcelona als Sammelpunkt republikanischer, sozialistischer und anarchistischer Strömungen sowie als Zentrum des katalanischen Separatismus, der in eine autonome Regierung mündete, die 1932–39 tagende **Generalitat de Catalunya**.

Von 1936 bis 1939 tobte der Spanische Bürgerkrieg. Im Juli 1936 gelang es Arbeitertrupps unter Führung des legendären Anarchisten Buenaventura Durruti

Oben: *Von den Bergen zum Meer erstrecken sich die Straßenschluchten der Großstadt*

Unten: *Die Auslagen der Blumenhändler verwandeln die Rambla in ein Blütenmeer*

(1896–1936), einen Aufstand der *Falange*, der faschistischen Nationalen niederzuschlagen. Daraufhin wurde in Barcelona für einige Monate die Utopie einer Herrschaft des Volkes Realität. Die großen Hotels und Industriebetriebe wurden enteignet, Kirchen in Kinos umgewandelt, Lokale dienten als Volksküchen mit freier Essensausgabe. Doch bald kam es zu Streitigkeiten innerhalb der linken Parteien. Ab 1937 bekämpften die Kommunisten ihre einstigen anarchistischen Verbündeten erbittert. ›Der kurze Sommer der Anarchie‹ (Buchtitel von Hans Magnus Enzensberger) nahm ein schlimmes Ende, und im Januar 1939 ging auch der Kampf gegen die nationalen Truppen verloren.

Unter der Diktatur Francisco Francos wurde die katalanische Eigenständigkeit unterdrückt, aber Barcelona konnte sich als eine der führenden **Industriestädte** des Landes mit Metallverarbeitung, Textilherstellung und chemischer Industrie als den wichtigsten Produktionszweigen behaupten. Zwischen 1950 und 1970 zogen mehr als 400 000 Arbeiter zu, überwiegend Andalusier aus dem Süden Spaniens.

Nach dem Tod Francos 1975 erhielt die Region Katalonien 1979 ein Autonomiestatut, und in ihre Hauptstadt zog wieder ein liberaler Geist ein. 1986 erhielt Barcelona den Zuschlag für die **Olympischen Sommerspiele** 1992, was einen enormen Bauboom auslöste. 1997 gab eine königliche **Romanze** erneut Anlass zum Feiern: die Infantin Cristina de Bourbon heiratete in der Kathedrale von Barcelona den baskischen Handballprofi Iñaki Urdangarin und trug so auf gewisse Weise zur Versöhnung zwischen Madrid und den separatistischen Katalanen und Basken bei. 2004 war die Stadt 141 Tage lang Gastgeber des internationalen, kulturellen **Forum Barcelona**. Die von der UNESCO-Generalkonferenz 1997 festgelegten Themen Frieden, Verschiedenheit/Vielfältigkeit und Nachhaltigkeit bildeten die Grundlage für die vielfältigen Forum-Aktivitäten.

Das Kongresszentrum Forum Barcelona von den Stararchitekten Herzog & de Meuron

Auf den Rambles zum Hafen

Die 50 000 m² große **Plaça de Catalunya** ❶ markiert das Zentrum Barcelonas, seit sie 1886 als Verbindung zwischen dem neu entstandenen Eixample und den Rambles geschaffen wurde. Hier laufen Straßen und U-Bahn-Linien zusammen, und am zentralen Brunnen verabredet man sich gern zum Stadtbummel. An dem von Grünstreifen umgebenen Platz beginnt mit den nach Süden verlaufenden **Rambles** auch eine der großen, prächtigen Flaniermeilen der Welt. Hätte man nur eine Stunde Zeit, sich einen Eindruck von Barcelona zu verschaffen, sollte man sich hier in einem der Straßencafés niederlassen und den Strom der Menschen an sich vorbeiziehen lassen. Er bewegt sich Richtung Meer, wie einst der Fluss, in dessen ausgetrocknetem Bett diese Lebensader der Stadt angelegt wurde. Im 18. Jh. bekam die Straße ihr heutiges Gesicht als platanengesäumte Fußgängerzone, auf beiden Seiten von Autowegen flankiert.

Einst säumten Klöster die Rambles, nach der Säkularisierung 1835 zogen Adel und reiches Bürgertum in die Gebäude ein. Erst nachdem das Eixample entstanden war und die Wohlhabenden dorthin abgewandert waren, wohnten auch weniger Begüterte an den Rambles. Adel und Elend mischten sich und prägen bis heute das Gesicht dieser mehr als einen Kilometer langen Straße. Es spiegelt die soziale Realität Barcelonas in all ihren Facetten, hier kommen Selbstdarsteller und stille Beobachter gleichermaßen zu ihrem Recht, fühlen sich Einheimische wie Besucher wohl, und neben schicken Boutiquen und traditonsreichen Cafés

Premierenfieber im Gran Teatre del Liceu

Theater von Welt

Das **Gran Teatre del Liceu** wurde 1844–48 mit einem prächtigen Saal in Gold, Samt und anderen edlen Materialien erbaut. 1861 brannte es erstmals ab, erstand jedoch schon im darauffolgenden Jahr in altem Glanz wieder. Finanziert wurde der Musentempel ausschließlich von Musik liebenden Barceloninern. Wer Geld spendete, erkaufte damit auch das Besitzrecht für einen Platz oder eine der prächtigen Logen, hinter denen sich oft kleine Salons verbargen. Das Liceu, neben der Mailänder Scala das wohl schönste **Opernhaus** Europas, wurde Treffpunkt der ›vornehmen Gesellschaft‹. Im Theaterfoyer wurden Geschäfte gemacht und Ehen gestiftet. Als Tempel des Bürgertums war es aber auch Angriffsziel für gesellschaftliche Erneuerer, und groß war das Entsetzen, als am 7. November 1893 der Anarchist Santiago Salvador während des zweiten Aktes von Gioacchino Rossinis ›Wilhelm Tell‹ eine Bombe ins Parkett schleuderte, die 20 Zuschauer tötete.

Künstlerisch wurde das Theater ein Zentrum des **Wagner-Kults**, und alles, was Rang und Namen in der Opernwelt hatte, stand im Laufe der Jahrzehnte auf der Bühne des Liceu, deren technische Ausstattung zuletzt weit hinter ihrem Ruhm zurückstand. Zum Olympiajahr 1992 war einiges erneuert worden, doch im Januar 1994 brannte das Liceu zum zweiten Mal in seiner Geschichte ab, nur die Fassade blieb erhalten. Altersschwach war das Bauwerk gewesen, und die mangelhafte feuertechnische Absicherung hatte Experten schon lange den mahnenden Zeigefinger erheben lassen. Schnellstmöglich wurde mit dem **Wiederaufbau** begonnen (Wiedereröffnung 1999), und man versuchte, den Zuschauerraum mit dem Prunk der Gründerjahre möglichst originalgetreu nachzuempfinden. Dahinter entstand ein modernes Theater mit dreifacher Nutzfläche und bester technischer Ausstattung – ein Schmuckstück, auf das die Einwohner von Barcelona stolz sein können.

sind längst Fast-Food-Restaurants und Ramschläden eingezogen. Man spricht übrigens meist im Plural von den Rambles, weil sich die Promenade in fünf Abschnitte gliedert, von denen jeder seine Geschichte und seinen eigenen Charakter hat: Die **Rambla de Canaletes** 2 beginnt an der Plaça de Catalunya. Sie erhielt den Namen nach dem Brunnen *Font de Canaletes* in ihrer Mitte, dessen Wasser den Besucher, der von ihm trinkt, immer wieder an diese Stelle zurückkehren lassen soll. Er ist auch beliebter Treffpunkt der Fußballfans, wenn sie nach einem Sieg die blauroten Fahnen zu Ehren des ruhmreichen FC Barcelona schwenken.

Gaudís Jugendstilfantasien setzen farbige Akzente auf dem Dach des Palau Güell

Kioske bieten bis tief in die Nacht Zeitungen aus aller Welt, Bücher und Postkarten an. An der anschließenden **Rambla dels Estudis** 3 lag bis 1714 die erste Universität der Stadt. Heute wird dieser Teil auch *Rambla dels Ocells* (Vogelrambla) genannt, denn jeden Morgen findet hier ein interessanter Vogel- und Kleintiermarkt statt.

Die **Rambla de Sant Josep** 4 ist bekannter als *Rambla de les Flors* (Blumenrambla) und präsentiert sich mit ihren üppigen Blumenständen auch sehr farbenprächtig. In dem Block mit den Hausnummern 85–95 liegt der stimmungsvolle **Mercat de Sant Josep** 5, die größte Markthalle der Stadt, im Volksmund *Boqueria* (*Boc* = katalanisch, Ziegenbock) genannt. Sind die Rambles die Lebensader der Stadt, so ist die 1876 nach dem Vorbild der Pariser Hallen als Gusseisenkonstruktion entstandene Boqueria ihr Bauch. Rund 800 Stände bieten eine fulminante Auswahl an Obst, Gemüse, Fleisch, Fisch und Meerestieren, Trockenfrüchten, Nüssen und Pilzen, kurz allem, was Katalonien zu Land und zu Wasser dem Feinschmecker zu bieten hat. Wer die angebotenen Köstlichkeiten nicht wie die Barceloniner zum heimischen Kochtopf tragen kann, sollte sich zu dem Besuch eines kleinen Marktrestaurants wie des *Garduña* oder des *Pinocho* verführen lassen, die mit stets frischer Küche werben und nicht nur zur Mittagsstunde ein bunt gemischtes Publikum verköstigen.

Am *Pla de la Boqueria*, den ein Fußbodenmosaik Joan Mirós schmückt, beginnt die **Rambla dels Caputxins** 6, deren Name an ein nicht mehr existentes Kapuzinerkloster erinnert. Hier steht mit dem **Gran Teatre del Liceu** 7 (www.liceubarcelona.com) [s. S. 71] eines der großen Opernhäuser Europas. Es brannte 1994 vollständig aus und wurde bis 1999 hinter der erhaltenen klassizistischen Fassade neu erbaut.

Im 19. Jh. galt Barcelona als Stadt der Kaffeehäuser. Ein Überbleibsel aus jener Zeit ist das **Café de l'Opera** 8 gegenüber dem Opernhaus, wo zwar nur noch selten die Stars des Liceu zu finden sind, aber eine bunte Mischung aus Einheimischen und Touristen genießt das Flair vergangener Zeiten und den hervorragenden Kaffee. Seiltänzer, Flamencogitarristen und Pantomimen demonstrieren auf den Rambles, dass auch die Straße ein Theater ist. Nicht weniger Applaus gebührt den Kellnern, die Espressotassen und Eisbecher zwischen der Bar und den Tischen auf der Grünfläche sicher durch den Autoverkehr balancieren.

Ein kurzer Abstecher führt nach Westen in die Carrer Nou de la Rambla 3–5, zum **Palau Güell** 9 (Tel. 934 725 775, www.

palauguell.cat, Di–Sa 10–14.30 Uhr), einem Frühwerk Antoni Gaudís, das der Architekt 1886–90 als Stadtpalast für seinen Gönner, den Grafen Eusebi Güell, entwarf. In den zahlreichen Sälen und Zimmern des sechsstöckigen Palastes zeugen fantasievolles Dekor und Mobiliar, ausgeführt in edelsten Materialien, vom Können des Künstlers und von der Finanzkraft des adligen Auftraggebers.

An der sich zum Meer hin verbreiternden **Rambla de Sta. Mònica** ⑩ liegt das Areal der Wahrsagerinnen, Porträtmaler und der Halbwelt. Die früher hier tätigen Prostituierten wurden zwar längst von diesem Strandabschnitt verbannt, die Taschendiebe dagegen mischen weiterhin munter mit beim Freizeitvergnügen des ›ramblejar‹, des Flanierens auf den Rambles. Also aufgepasst!

Die **Plaça del Portal de la Pau** schließt die Rambles zum Hafenbecken hin ab, in der Mitte des Platzes erhebt sich das Kolumbusdenkmal **Monument a Colom** ⑪. Stolz weist die Bronzefigur des Seefahrers aus Genua von einer 60 m hohen Säule aufs Meer, Richtung Indien, das er 1492 gefunden zu haben glaubte. Nach seiner ersten Amerikafahrt wurde Christoph Kolumbus von den Katholischen Königen in Barcelona empfangen. Zur Erinnerung daran wurde 1888 das Monument errichtet, von dessen Aussichtsplattform sich ein weiter Blick über Stadt und Hafen öffnet.

TOP TIPP Im Westen der Plaça del Portal de la Pau erinnert das großartige **Museu Marítim** ⑫ (Tel. 933 42 99 20, www.mmb.cat, tgl. 10–20, Einlass bis 19.30 Uhr) an die mittelalterliche Blüte Barcelonas als Seemacht und an das Zeitalter der Entdeckungen, als Spanien zu den großen Seefahrernationen Europas gehörte. Seit 1936 ist das Museum in den **Reials Drassanes** untergebracht, den ehem. königlichen Werften, die 1336–87 erbaut wur-

Ein Traum in Rot und Gold ist die Galeere von Juan d'Austria im Museu Marítim

den. Die achtschiffige, bogenüberwölbte Halle ist ein herrliches Beispiel für gotische Zivilarchitektur. Das Prunkstück der unzähligen Ausstellungsstücke rund um das Thema Seefahrt ist eine originalgetreue Nachbildung jener legendären *Galeere*, auf der Don Juan d'Austria 1571 die Seeschlacht von Lepanto befehligte, in der Spanier und Venezianer die Türken schlugen.

Schräg gegenüber der alten Werft öffnet sich der Hafen. Nach Osten zieht sich die **Moll de la Fusta** 13 hin, im Mittelalter Umschlagplatz für Holz. Hier legen kleine Barkassen, die *Golondrines*, zu Hafenrundfahrten ab. Einen ersten Eindruck vom neu gestalteten Hafenviertel gewinnt man bei einen Bummel über die Fußgängerbrücke **Rambla de Mar** zur **Moll d'Espanya** 14. Auf der ausgedehnten Mole liegt das riesige Einkaufs- und Vergnügungszentrum *Maremágnum* mit Restaurants, Bars, IMAX-Kino und **Aquàrium** (Tel. 932 217 474, www.aquariumbcn.com, Juli/Aug. tgl. 9–23, Juni, ansonsten tgl. 9.30–21 Uhr), das als eines der größtes Europas u. a. mit einem spektakulären Unterwassertunnel aufwarten kann.

Gegenüber im Osten, wo in den 1980er-Jahren noch hässliche Industrieanlagen den Zugang zum Wasser versperrten, locken heute schicke Fischrestaurants, und mit der **Moll de la Barceloneta** 15 entstand eine großzügig angelegte Promenade für Spaziergänger, Jogger und Skater. Sie führt am innersten Becken des *Port Vell*, des alten Hafens, entlang, weiter bis zum Anfang der 1990er-Jahre neu angelegten Stadtstrand *Platja de la Barceloneta* und zum Olympischen Dorf von 1992, der *Vila Olimpica*.

Barri Gòtic – La Ribera

Zwischen den Rambles und der Via Laietana erstreckt sich südöstlich des Plaça de Catalunya das Barri Gòtic, der älteste Teil der Stadt. Nicht alle der in diesem Gotischen Viertel versammelten Prachtbauten hatten ursprünglich ihren Standort hier. Vielmehr entschloss man sich im 19. Jh., nachdem die Stadtmauern gefallen waren, abgelegenere gotische Bauwerke abzutragen und in der Altstadt wieder aufzubauen, um so ein homogenes Barri Gòtic zu schaffen.

An der Moll de la Fusta laden Ausflugsboote zu einer Hafenrundfahrt ein

Die **Plaça de Sant Jaume** ⑯, einst Forum der römischen Siedlung Barcino, ist heute ein beliebter Treffpunkt, lässt sie doch viel Raum zum Feiern oder zum Demonstrieren. Der großzügige Platz liegt zwischen den Schaltstellen der weltlichen Macht. Im Süden erstreckt sich der Rathauskomplex der **Casa de la Ciutat** ⑰. Hinter seiner neoklassizistischen Fassade verbirgt sich ein geschichtsträchtiges Haus, dessen älteste Teile aus dem 14. Jh. stammen. Bemerkenswert ist der *Saló de Cent* (Führungen Sa/So 10–13.30 Uhr) im 1. Stock, der von Transversalbögen überspannte Sitzungssaal mit teilweise holzverkleideter Decke. In diesem ›Saal der Hundert‹ tagte im Mittelalter der städtische ›Rat der Hundert‹. Der **Palau de la Generalitat de Catalunya** ⑱ im Nordosten der Plaça de Sant Jaume ist Regierungssitz der Autonomen Region Katalonien, die die Nachfolge der im 13. Jh. gegründeten Ständeverwaltung der *Corts Catalanes* antrat. Der lang gestreckte Bau stammt – abgesehen von der Renaissancefassade – aus dem 15. Jh. und ist nur am 23. April, dem Tag des hl. Georg, öffentlich zugänglich. Von seinem Balkon aus nehmen Politiker und Sportler nach bedeutenden Siegen die Ovationen der Bevölkerung entgegen.

Ein venezianisch anmutendes Brücklein (19. Jh.) überspannt die am Palast der Generalitat vorbeiführende Carrer Bisbe Irurita. Sie führt nordwärts zur **Catedral de Santa Eulàlia** ⑲ (Tel. 933 15 15 54, www.catedralbcn.org, Mo–Sa 8–12.45/17.15–19.15 freier Eintritt, 13–17 Uhr gegen Spende, So 8–13.45/17.15–19.15 frei, 14–17 Uhr gegen Spende), auch *La Seu* genannt. Auf das 4. Jh. geht die erste Kirche zurück, die an der Stelle der heutigen Kathedrale auf dem Mons Taber errichtet wurde. Die Reliquien der hl. Eulàlia wurden im 11. Jh. in die romanische Nachfolgekirche überführt, die 1298 der gotischen Kathedrale weichen musste. Mitte des 15. Jh. versiegten die finanziellen Quellen, und der Bau stockte für rund vier Jahrhunderte. Die heutige Fassade ist neogotisch, sie wurde im späten 19. Jh. wie die Seitentürme von einem einheimischen Industriellen gesponsort und nach Originalplänen aus dem 16. Jh. errichtet. Ihre Vollendung fand die Kathedrale schließlich 1913 mit der Errichtung des oktogonalen Mittelturms. In den letzten Jahren wurde das Äußere aufwendig restauriert.

Im hohen dreischiffigen Innenraum verdient zunächst die **Sakramentskapelle** [**A**] auf der rechten Seite besondere Beachtung. Sie birgt das alabasterne Grabmal (15./16. Jh.) des Bischofs Ollegar und die rußgeschwärzte Figur des *Cristo de Lepanto* (15. Jh.). Das Kruzifix soll als Galionsfigur der Galeere des Don Juan d'Austria bei der Schlacht von Lepanto (1571) gedient haben, und man erzählt, es sei gekrümmt, weil es den Kugeln ausweichen wollte. Auf der gegenüberliegenden Seite des Eingangs liegt das **Baptisterium** [**B**]. Über dem Taufstein, den im frühen 15. Jh. ein Florentiner Meister aus Carrara-Marmor geschaffen hatte, wurden 1493 die ersten Indianer getauft, die Kolumbus aus Amerika mitgebracht hatte.

Der **Chor** [**C**] liegt, wie in Spanien üblich, in der Mitte des Langhauses und war für Klerus und Adel reserviert. 1518 verlieh Carlos I. an dieser Stelle den Orden des Goldenen Vlieses, die höchste Auszeichnung der Habsburger, an adelige Honoratioren. Die Rückenlehnen des herrlich geschnitzten *Chorgestühls* (14./15. Jh) tragen die Wappen der Würdenträger. Sie werden umrahmt von reichem Maßwerk, die *Misericordien* sind mit lebensnahen allegorischen Darstellungen menschlicher Tugenden und Laster verziert. Die vier Marmorreliefs (16. Jh.) des **Trascoro** [D], der Außenwand des Chors, zeigen drastische Szenen aus dem Martyrium der hl. Eulàlia, die 304 gekreuzigt, in Öl gebraten, verbrannt und geköpft wurde. Die **Krypta** [E] unter dem Hauptaltar birgt einen prächtig skulptierten Alabastersarkophag aus dem 14. Jh. mit den Gebeinen dieser Schutzpatronin Barcelonas. In den Kapellen des **Chorumgangs** [F] rings um das **Presbyterium** [G] mit seinem alabasternen *Bischofsstuhl* sind wertvolle Altäre, Sarkophage und Gemälde zu bewundern, etwa in der zweiten von rechts das Triptychon ›Die Heimsuchung‹, um 1470 von einem unbekannten Meister geschaffen. Im Osten schließt sich an den Kirchenraum der von Palmen und Magnolien beschattete gotische **Kreuzgang** [H] an. Seine größte Attraktion sind zweifellos die Gänse, die den Brunnen in der Mitte bevölkern. Ihr lautes Geschnatter bei nächtlichen Störungen sollte im Mittelalter Diebe fernhalten.

Zu den schönsten Plätzen der Stadt zählt die steingepflasterte **Plaça del Rei** östlich der Kathedrale, die beherrscht wird von den wuchtigen Mauern des **Palau Reial Major** 20. Dieser Königspalast ging aus dem 1162 erbauten Sitz der Grafen von Barcelona hervor, wurde jedoch mehrfach verändert und erweitert. Von den original erhaltenen Gebäudeteilen sind zwei besonders bemerkenswert: einmal der **Saló de Tinell** (1359–70), der 36 m lange Thronsaal mit seinem beeindruckenden Rundbogengewölbe. Hier empfingen die Katholischen Könige Isabella und Ferdinand 1493 Christoph Kolumbus nach seiner Rückkehr aus Amerika. Der riesige Saal wird heute u. a. als Konzertsaal genutzt. Das zweite Schmuckstück ist die einstige Palastkapelle **St. Àgata** aus dem 13./14. Jh. In dem hohen, einschiffigen Innenraum ist neben dem prachtvollen gotischen Dreikönigsaltar auch ein Altarbild des katalanischen Meisters Jaume Huguet (1414–1492) zu bewundern, das Szenen aus dem Leben und Leiden der hl. Agatha zeigt.

Nebenan ist in dem gotischen Stadtpalais **Casa Clariana-Padellàs** das historische Museum **Museu d'Història de la Ciutat** 21 (Tel. 932562122, www.museuhistoria.bcn.es, April–Sept. Di–Sa 10–20, So 11–15, sonst Di–Sa 10–14 und 16–19, So 10–15 Uhr) untergebracht, das auf zwei

Catedral de Santa Eulàlia

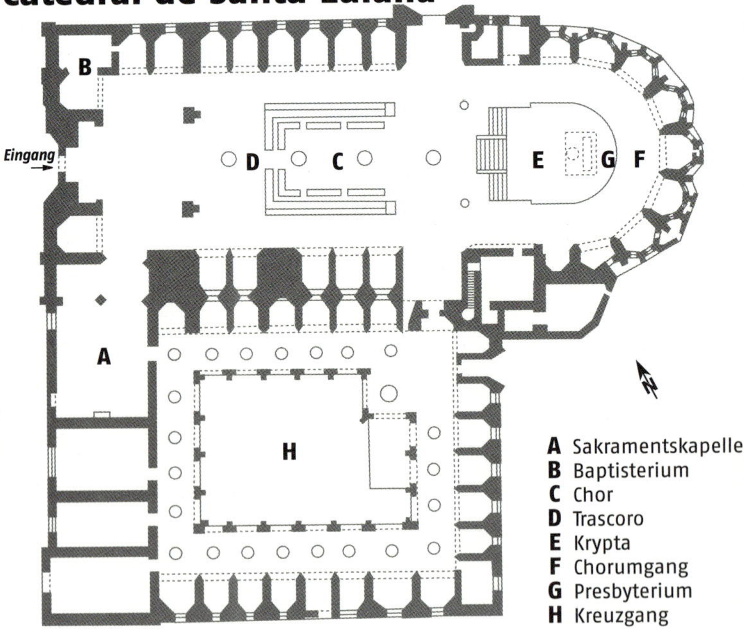

A Sakramentskapelle
B Baptisterium
C Chor
D Trascoro
E Krypta
F Chorumgang
G Presbyterium
H Kreuzgang

Gotisches Schmuckstück: die Kirche Santa Maria del Mar

Stockwerken Exponate aus dem Alltagsleben des 17.–19. Jh. ausstellt, von Kacheln bis zu Krippenfiguren. Im Untergeschoss sind die Anfänge der Stadt zu bewundern, gezeigt werden Ausgrabungen aus der römischen und westgotischen Zeit. Die Fundamente von Mietshäusern, Bädern und einer frühchristlichen Kirche zeugen vom Leben im alten Barcino.

Das schönste gotische Bauwerk Barcelonas aber liegt südöstlich des Barri Gòtic, in der früheren Vorstadt **La Ribera**. Das einstige Quartier der Geschäftsleute und Hafenarbeiter entwickelte sich zu einem ›In‹-Viertel mit ansprechenden Restaurants und Bars. Seinen Mittelpunkt bildet **Santa Maria del Mar** 22 (Tel. 933 10 23 90, tgl. 9–13.30 und 16.30–20 Uhr), ein Meister-

Gänse statt Wachhunde: Seit Jahrhunderten hütet das Federvieh die Kathedrale

werk katalanischer Gotik mit zwei achteckigen Türmen und einem sehenswerten Trichterportal. Die Kirche wurde 1329–83 unter tatkräftiger Mithilfe der Anwohner errichtet. Leider ging bei einem Brand 1936 einiges von der ursprünglichen Bausubstanz und Ausstattung verloren. Erhalten blieb jedoch die vollendete Harmonie des schlichten Kirchenraums, unterstrichen durch das Lichtspiel der teilweise noch originalen Buntglasfenster. Eine schlichte Holzplastik auf dem Altar zeigt Maria, die Schutzpatronin des Gotteshauses, mit einem Miniaturschiff auf dem Arm.

In der nahen Carrer Montcada reihen sich schmucke Adelspaläste aus dem 13.–16. Jh. aneinander, die heute oft Galerien und Museen beherbergen. Ziel der meisten Besucher sind die herrschaftlichen Paläste mit den Hausnummern 15, 17 und 19. In ihnen wurde 1963 das **Museu Picasso** 23 (Tel. 932 56 30 00, www.museupicasso.bcn.cat, Di–So 10–20, Einlass bis 19.30 Uhr) eingerichtet, zu einer Zeit also, als der Exilant im faschistischen Spanien nicht sonderlich geschätzt wurde. Pablo Picasso (1881–1973), Andalusier von Geburt, verbrachte in Barcelona seine prägenden Jugendjahre, und sein Frühwerk bildet den Schwerpunkt des Museums.

Ausdrucksstarke Fresken sind im Museu Nacional d'Art de Catalunya zu bewundern

So ist neben der Serie *Las Meniñas* und Keramiken u. a. das Gemälde *Ciencia y Caridad* zu sehen, das der damals 16-jährige 1897 bei der Nationalen Kunstausstellung in Madrid zeigte.

Montjuïc

213 m hoch erhebt sich der Montjuïc, neben dem Tibidabo einer der beiden Hausberge Barcelonas, im Südwesten der Stadt. Woher der Name Montjuïc stammt, ist nicht eindeutig geklärt: Schon die Römer siedelten auf dem *Mont Jovis* (Berg des Jupiter), dem strategisch wichtigsten Punkt der Stadt. Aber auch eine Herleitung von *Mont Judaicus* (Judenberg) ist denkbar, denn im Mittelalter erstreckte sich an den Hängen des Montjuïc ein jüdischer Friedhof. Mitte des 18. Jh. wurde auf dem Gipfel das **Castell de Montjuïc** 24 erbaut, eine Burg mit Bastionen und Zitadellen. Sie beherbergte im 20. Jh. ein gefürchtetes Militärgefängnis und galt als Symbol der Unterdrückung. Erst 1960 wurde das Castell in ein *Militärmuseum* (März–Nov. Di–So 9.30–20, sonst bis 17.30 Uhr) umgewandelt.

Zur Weltausstellung 1929 wurde der bis dahin als Steinbruch und Picknickareal genutzte Montjuïc aufgewertet, es entstanden Gartenanlagen, Sport- und Kulturstätten. 1992 – anlässlich der Olympischen Spiele – erfuhr der Stadtberg seine vorerst letzte Umgestaltung. Heute ist er vor allem Ziel für Kunstfreunde, denn hier befinden sich außer dem Spanischen Dorf (s. u.) Highlights der katalanischen Museumslandschaft.

Dazu zählt auch das neben dem Olympiastadion 2008 neu eröffnete **Museu Olímpic i de l'Elesport** 25 (www.museuolimpicbcn.cat, Tel. 932 925 379, April–Sept. Di–Sa 10–20, So 10–14.30, Okt.–März Di–Sa 10–18, So 10–14.30 Uhr). Das modern konzipierte Museum präsentiert eine Reise durch die Welt des Sports.

Der neoklassizistische Monumentalbau des *Palau Nacional*, das ehem. spanische Palais der Weltausstellung 1929, beherbergt seit 1934 das TOP TIPP **Museu Nacional d'Art de Catalunya** 26 (Tel. 936 22 03 60, www.mnac.es, Mai–Sept. Di–Sa 10–20, So/Fei 10–15 Uhr, Okt.–Apr. nur bis 18 Uhr). Das Nationalmuseum für katalanische Kunst (MNAC) kann mit bedeutenden romanischen und gotischen Kunstwerken aufwarten. *Fresken* aus abgelegenen mittelalterlichen Kirchen wurden sorgfältig abgetragen und im Museum installiert, um sie

Auf diese Art drehen sich Katalanen gern im Kreis

Sardana – das Herz tanzt, der Kopf rechnet

Jeden Sonntag um die Mittagszeit füllt sich der Platz vor der Kathedrale in Barcelona mit Menschen. Die **Cobla**, eine Musikkapelle, bestehend aus Holz- und Blechbläsern, einem Kontrabassisten und einem Trommler, nimmt auf den Stufen Platz und stimmt schnarrende, schrille, höchst befremdliche Klänge an, deren Wirkung verblüffend ist: Wildfremde Menschen fassen sich an den Händen, bilden **Kreise**, in deren Mitte sie ihre Taschen und Mäntel zusammenlegen, und beginnen zu tanzen. Männer und Frauen, alte und junge Leute bewegen sich zum Rhythmus der Musik mit feierlichen Mienen und voller Konzentration, denn es gilt, die komplizierten Schrittfolgen einzuhalten. Sie tanzen die **Sardana**, von der Santiago Rusiñol treffend schreibt, sie besitze »… den Rhythmus Kataloniens – das Herz tanzt, und der Kopf rechnet«.

Keine Frage – die Sardana ist ein Tanz für den Kopf, nicht für die Sinne, ganz anders als der andalusische Flamenco. Die heutige Form des **Reigentanzes** entwickelte sich erst im 19. Jh. Zur Zeit Francos wurde die Sardana zum Symbol katalanischer Einheit, vom Diktator gefürchtet und teilweise verboten, heute ist sie populärer denn je. Für den Besucher öffnet dieser einzigartige Tanz, der jeden, der sich an die Regeln hält, im Kreis willkommen heißt, das Verständnis für die eigenwillige und faszinierende Region Katalonien.

vor dem drohenden Ausverkauf in die Neue Welt und Umweltschäden zu bewahren. Eines der Hauptmotive dieser Wandmalereien ist *Christus Pantokrator*, Gottessohn als Weltenherrscher.

Nordwestlich vom Nationalmuseum liegt das **Poble Espanyol** 27 (www.poble-espanyol.com), das spanische Dorf. Es handelt sich dabei um einen Freizeitpark, der Kopien vieler Gebäude aus diversen spanischen Regionen in verkleinertem Maßstab präsentiert. Den Eingang etwa bildet ein Nachbau des Stadttores von Avila. Restaurants und kunsthandwerkliche Geschäfte ergänzen das Ensemble. Man kann hier sogar das Nachtleben genießen, denn es gibt Diskotheken, Flamenco-Shows und Bars.

Eine weitere Attraktion des Montjuïc ist die **Fundació Joan Miró** 28 (Tel. 934439470, www.fundaciomiro-bcn.org, Juli–Sept. Di–Sa 10–20, Do 10–21.30, So 10–14.30, Okt.–Juni Di–Sa 10–19, Do 10–21.30, So 10–14.30 Uhr). Die Stiftung wurde vom Künstler selbst 1971 ins Leben gerufen und das Museum 1975 eröffnet. Das luftige Bauwerk des Miró-Freundes und Corbusier-Schülers Josep Lluis Sert öffnet sich mit seinen hellen Räumen dem mediterranen Licht und schafft eine ideale Umgebung für Mirós farbenfrohen Werke. Frühe Gemälde sind ebenso zu sehen wie textile Objekte, Zeichnungen, Grafiken und Skulpturen. Ergänzt wird das Angebot durch Wechselausstellungen moderner und zeitgenössischer Kunst.

Eixample

Mitte des 19. Jh. wirkte die Stadtmauer um Barcelona zunehmend wie ein Korsett, und innerhalb lebte man zusammengepfercht unter Lebensbedingungen, die einer aufstrebenden Industriestadt nicht angemessen waren. 1859 endlich fielen die Mauern, und die Pläne des Architekten Ildefons Cerdà zur **Stadterweiterung** (*Eixample*) konnten umgesetzt werden. Auf der Grundlage eines Rechteckrasters entstanden gleichförmige, meist fünf- bis sechsstöckige Häuserblocks. Die von Cerdà beabsichtigte Mischung der sozialen Schichten fand übrigens nicht statt. Das Eixample war von Anfang an ein Viertel des wohlhabenden Bürgertums. Die Arbeiter zogen in die Vorstädte am Meer.

Wie eine breite Achse durchkreuzt die **Diagonal** von Osten nach Westen in schräger Richtung das Eixample und durchbricht damit die monotone Struktur der quadratischen Gebäudeblöcke. Rechtwinklig dazu verläuft eine Hauptachse des Viertels, der fünfspurige, mit Platanen bestandene **Passeig de Gràcia**. In Details, wie dem kunstvollen Mosaikpflaster der Gehsteige, entworfen von Gaudí, und den fantasievollen Straßenlaternen von Pere Falques, zeigte sich die Repräsentationslust des Bürgertums.

Ab 1880 entstanden die ersten Wohnhäuser, von denen einige heute zu den Perlen des Modernisme zählen. Dazu gehört am Passeig de Gràcia 92 die **Casa Milà** (29) von Antoni Gaudí, ein 1905–10 erbautes Etagenwohnhaus. Der Schwerpunkt liegt hier weniger auf der Dekoration als auf der eigenwilligen Konstruktion. Die gewellte Fassade des Eckhauses erinnert an eine Sanddüne oder ein steinernes Meer. Die schlichten Kalksteinmauern kontrastieren mit den als Schlingpflanzen ausgeführten schmiedeeisernen Balkonbrüstungen. Gaudí träumte von einer **Naturalisierung** der Architektur. Tragende Wände gibt es im Inneren nicht. Das Gewicht lastet auf Säulen und Eisenträgern. Kaum ein Zimmer gleicht dem anderen, und schon damals waren für Gaudí Müllschlucker, Tiefgaragen, verstellbare Wände sowie ein ausgefeiltes Be- und Entlüftungssystem Selbstver-

Gerastert präsentiert sich das Eixample

›Der Vogel und das Mädchen‹ schuf Miró als Entwurf für La Defense in Paris

Feuerwerk knallbunter Farben

Am 20. April 1893 wurde **Joan Miró** in Barcelona geboren. Der Sohn eines Goldschmieds und Uhrmachers entschloss sich früh, Maler zu werden. Ein wichtiges Vorbild, wie für andere spanische Künstler seiner Generation, war Pablo Picasso, den er 1919 in **Paris** kennen lernte. Dort suchte der junge Katalane auch Kontakt zu den Surrealisten, ließ sich aber nicht von ihnen vereinnahmen. Miró blieb Zeit seines Lebens Individualist. In den nächsten Jahren wechselte er zwischen dem kreativen Weltstadtflair von Paris und der ländlichen Ruhe von Montroig bei Tarragona, wo seine Familie ein Landhaus besaß. Ab 1924 entwickelte Miró die bunten, wie schwebend wirkenden **Ideogramme**, für die seine Bilder so berühmt wurden. 1928 brachte eine Ausstellung in Paris den großen Durchbruch für den Künstler.

Eine Zäsur in seinem oft so heiteren Werk bildete die Zeit des Spanischen Bürgerkriegs. Dunkle Farben und ungewöhnliche Materialien wie Teer und Sand vermittelten seine Abscheu vor dem Franco-Regime. 1937 vertrat Mirós heute verschollenes Bild ›Der Schnitter‹ neben Picassos ›Guernica‹ das republikanische Spanien bei der Weltausstellung in Paris. Nach dem Sieg der Nationalen lebte Miró bis 1940 im Pariser Exil. Aber anders als beispielsweise Picasso war er nicht in der Lage, lange Zeit fern von seinen Wurzeln schöpferisch tätig zu sein. 1940 kehrte er nach Barcelona zurück, besuchte aber immer häufiger **Mallorca**, die Heimat seiner Mutter. Die ruhige Insel wurde für ihn zunehmend ein Rückzugsort. Ab 1956 lebte er ständig an diesem Hort seiner inneren Emigration. Anerkennung wurde Miró im faschistischen Spanien – im Gegensatz zum Ausland – nur bedingt zuteil. 1978 schritt König Juan Carlos I. zur Wiedergutmachung und dekorierte den hochbetagten Künstler mit der höchsten spanischen Auszeichnung, dem Orden ›Gran Cruz de Isabela la Catolica‹.

Joan Miró wird oft als **Maler der Assoziation** bezeichnet, der seinen Träumen Farbe und Form gab. Gern brachte er sich selbst mit dem surrealistischen Automatismus in Verbindung. Tatsächlich belegten später veröffentlichte Vorzeichnungen, dass diese scheinbar spontanen Werke sorgfältig geplant und konzipiert waren, was jedoch sein Genie nicht mindert. Unbestritten macht die innovative Bildsprache seiner Werke Miró zu einem Erneuerer in der Kunst des 20. Jh. Seine Monster und Gnome mussten viele Versuche der Interpretation über sich ergehen lassen. Entscheidend war für Miró jedoch nicht die Deutung seiner Werke, sondern ihre Wirkung. Seine Kunst sollte überraschen oder schockieren, erfreuen oder amüsieren: »Ein Bild muss sein wie ein Funkenflug, es muss die Augen blenden.«

ständlichkeiten. Aber nach ihrer Fertigstellung stieß die Casa Milà auf wenig Begeisterung. Zeitgenossen nannten sie verächtlich *La Pedrera*, ›Steinbruch‹. Im obersten, 7. Stockwerk bietet die Ausstellung **Espai Gaudí** (Tel. 934845900, www.fundaciocaixacatalunya.org, März–Okt. tgl. 9–20, sonst bis 18.30 Uhr) eine gelungene Einführung in Gaudís Werk. Die faszinierende *Dachlandschaft*, bei deren Gestaltung der Architekt seine Freude an skurrilen Formen und farbenprächtigem Kacheldekor auslebte, ist ein herrlicher Rastplatz und ermög-licht einen weiten Blick über die Dächer des Eixample.

Am meisten bestaunt wird jedoch der Häuserblock am Passeig de Gràcia, der **Manzana de la Discordia** 30, ›Zankapfel‹, genannt. Er besteht aus drei benachbarten Wohnhäusern, die im ersten Jahrzehnt des 20. Jh. von je einem der drei Stararchitekten des Modernisme entworfen wurden. Am auffälligsten ist sicher die **Casa Batlló** (Nr. 43) von Antoni Gaudí, deren Dach mit seinen grünen Kacheln an ein geschupptes Reptil erinnert, während die Fensterkreuze Knochen ähneln. Der Architekt zitiert damit die Legende vom Drachentöter Sant Jordi (hl. Georg), dem katalanischen Nationalheiligen.

Als Giebelhaus in neogotischem Stil ist daneben die **Casa Amatller** (Nr. 41) von Puig i Cadafalch ausgeführt. Doch auch ih re Fassade gibt sich mit farbigen Kacheln und geschwungenen Formen deutlich als Werk des Modernisme zu erkennen. Die **Casa Lleó Morera** (Nr. 35, Mo–Sa 10–19, So 10–14 Uhr) von Domènech i Mon-

Die einzigartige Sagrada Familia wurde zu Glaubensbekenntnis und Vermächtnis Gaudís

taner präsentiert sich innen bunt und verspielt, die Wände sind verschwenderisch bemalt mit grünem Efeu sowie weißen und rosa Blüten. Im ersten Stock kann man sich vom außergewöhnlichen Flair einer ganz im Stil des Modernisme eingerichteten Wohnung überzeugen.

2500 m Aliuminiumdraht kräuseln sich auf dem Dach über der backsteinroten Fassade eines Jugendstilhauses in der nahen Carrer Aragó 255. Die Installation *Núvol i cadira*, ›Wolke und Stuhl‹ macht deutlich, dass das Innenleben des von Lluís Domènech i Montaner Ende des 19. Jh. entworfenen Gebäudes der modernen Kunst geweiht ist. Es beherbergt seit 1990 die **Fundació Antoni Tàpies** 31 (Tel. 934 87 03 15, www.fundaciotapies.org, Di–So 10–20 Uhr). Die Stiftung des katalanischen Malers und Grafikers Antoni Tàpies (* 1923) gewährt einen guten Überblick über sein Werk, das u. a. Schwarz-Weiß-Kompositionen, Installationen und Illustrationen für die Zeitschrift der Künstlergruppe *Dau al Set* beinhaltet. Bemerkenswert ist auch die gut sortierte Bibliothek mit Publikationen zur Kunst des 20./21. Jh. und zu orientalischer Kultur.

Ein Bummel durch das Eixample ist kurzweilig, denn neben den modernistischen ›Highlights‹ überraschen mehr als 1000 Bauwerke mit modernistischen Details. Während der Franco-Zeit hatte man die Bürgerpaläste schnöde vernachlässigt, ab 1987 wurden viele von ihnen aber vorbildlich restauriert. Das architektonische **Gesamtkunstwerk** Eixample wird ergänzt durch hübsche Cafés, originelle Restaurants, nette Buchhandlungen, elegante Boutiquen und moderne Design-Paläste.

TOP TIPP

Höhepunkt der Tour durch das Viertel ist aber ohne Frage die einzigartige **Sagrada Familia** 32 (Tel. 935 13 20 60 www.sagradafamilia.cat, April–Sept. tgl. 9–20, sonst bis 18 Uhr), ein Wahrzeichen Barcelonas und Hauptwerk des Modernisme. Die *Kirche der Heiligen Familie* wurde 1882 als Sühnekirche vom Architekten Francisco del Villar im konventionellen neogotischen Stil begonnen. 1883 übertrug man das Projekt dem damals 31-jährigen Gaudí, der jedoch nebenbei an zahlreichen anderen Aufträgen arbeitete und sich erst ab 1914 ganz der Sagrada Familia widmete. Bis zu seinem Tod 1926 entstanden Apsis, Krypta und der größte Teil der Ostfassade, deren Themen Geburt und Kindheit Jesu sind. Der gesamte Baukörper scheint aus Ton geknetet zu sein, tatsächlich musste jeder Stein nach von Hand geformt werden, was die Baukosten enorm in die Höhe trieb.

Nach Gaudís Plänen sollten drei **Fassaden** das Leben Christi abbilden, thematisch Geburt, Passion und Auferstehung zugeordnet. 18 Türme sollten die zwölf Apostel, die vier Evangelisten, die Jungfrau Maria und schließlich – der höchste mit 170 m – Christus verkörpern. Jedes Fenster und jede Säule sollen ferner Kirchenheilige, eine Institution oder einen katholischen Glaubensmythos darstellen. Das ganze Bauwerk drückt aus, dass sich Gaudí als Priester der Architektur und die Kirche als **steinernes Credo**, als ›Predigt in Stein‹ verstand. Sie sollte Mittelpunkt eines Gemeindezentrums mit Schulen und Kindergärten sein – ein Bollwerk des katholischen Glaubens in einer Zeit der Abkehr von der Religion. Am 7. Juni 1926 – die Ostfassade der Kirche war fast fertig gestellt – wurde Gaudí auf einem Spaziergang von der Straßenbahn erfasst und starb drei Tage später im Hospital. Seine letzte Ruhestätte fand der Baumeister in einer kleinen, heute verschlossenen Krypta der Sagrada Familia. Die Hauptkrypta birgt ein *Museum* mit Skizzen, Modellen und Fotos des Architekten und ›seiner‹ Kirche.

1936 beendete der Spanische Bürgerkrieg vorläufig die nach Gaudís Plänen fortgeführten Bauarbeiten. 1952 wurden sie wiederaufgenommen, auch wenn nur wenige Zeichnungen den Krieg überstanden hatten. Vier Türme und die Nordfassade wurden 1954–76 vollendet. 1987 übernahm der Bildhauer *Josep Maria Subirach* die Bauleitung. Die futuristisch wirkenden Skulpturen, die er dem Bauwerk aufpflanzte, wurden oft kritisiert und die Frage nach dem Sinn der Vollendung von Gaudís ›Unvollendeter‹ immer wieder gestellt.

Zu Fuß oder mit Hilfe eines Fahrstuhls kann man die **Türme der Ostfassade** erklimmen. Belohnt werden schwindelfreie Besucher mit einem herrlichen Blick über Barcelona und dem grandiosen Gefühl, ein gigantisches Projekt hautnah erlebt zu haben, das sich in die Tradition mittelalterlicher Bauhütten einreiht und bis heute nur durch Spenden finanziert wird.

Parc Güell

Als 15 ha große, sozialreformerische Wohnsiedlung mit 60 Wohnparzellen, Markthal-

Modernisme in Vollendung zeigt die Fassade des Palau de la Musica Catalana

Alles fließt – Jugendstil auf katalanisch

Der **Modernisme**, dessen Blütezeit in Katalonien zwischen 1880 und 1920 lag, entwickelte sich im ausgehenden 19. Jh., etwa zur gleichen Zeit wie vergleichbare Strömungen in Deutschland (Jugendstil), England (Modern Style) und Frankreich (Art Nouveau). Fließende, asymmetrische Formen, reiches Dekor, Einbeziehung von Handwerkstechniken wie Glaserei, Keramik- und Schmiedekunst waren seine Merkmale. Der Modernisme entstand als künstlerische Revolte gegen den Historismus, war aber auch Ausdruck des katalanischen **Nationalismus**. Die Künstler verstanden sich als Träger einer weit über die Architektur hinausgehenden Bewegung, die katalanischer Kultur zur Wiedergeburt verhelfen wollte.

Für das Großbürgertum war das ausgehende 19. Jh. eine Periode der Prosperität, es entwickelte sich zu einer selbstbewussten Klasse und zeigte seinen Reichtum durch repräsentative neue Bauten, die nach einer modernen Architektur verlangten. Der Modernisme war also im Grunde eine bürgerliche Kunstrichtung, hatte aber auch sozialreformerische Ansätze, z. B. sollten auch Fabriken und Arbeiterwohnungen solide und freundlich gebaut werden. Das Triumvirat der Stararchitekten bildeten Domènech i Montaner, Puig i Cadafalch und Gaudí.

Als Leiter der Architekturschule in Barcelona verstand sich **Lluís Domènech i Montaner** (1849–1923) nicht so sehr als Revolutionär der Form. Er begeisterte vielmehr durch kraftvolle Farbgebung und fantasievolle Gestaltung der Details sowie durch Kombination der Materialien. Sein Meisterstück lieferte er mit dem **Palau de la Musica Catalana** (1905–08), dem Musikpalast Ecke Carrer Sant Pere més Alt und Carrer Amadeu Vives.

Josep Puig i Cadafalch (1867–1957) zähmte den Überschwang des Jugendstils zugunsten einer wieder strengeren Form. Die Hauptwerke des überzeugten Nationalisten sind in Barcelona neben der **Casa Amatller** die **Casa de les Punxes** an der Diagonal und das Künstlerlokal **Els Quatre Gats** in der Carrer Montsió 3, wo Picasso erstmals seine Werke ausstellte.

Antoni Gaudí (1852–1926) schließlich kam 1869 nach Barcelona, absolvierte ein Architekturstudium und hatte das Glück, in dem Textilfabrikanten Graf Eusebi Güell einen Förderer zu finden, der seinen Ideen gegenüber offen war und die finanziellen Mittel für ihre Umsetzung bereitstellte. Für ihn schuf Gaudí die Finca Güell (1884–87), den **Palau Güell** (1885–1919), die Kapelle für die Colonia Güell (1898–1916) und den **Parc Güell** (1900–14). Gaudí ging es in seinen Bauwerken um die Beziehung zur Natur, um eine ganzheitliche Gestaltung und gegen die Massenproduktion vorgefertigter Teile. Er selbst, der aus einer Töpferfamilie kam, erwarb nach seinem Studium Kenntnisse in Schreinerei, Glaserei und Schmiedekunst. Mit einfachen Mitteln und eigenwilligen Materialmischungen schuf er fantasievolle architektonische ›Organismen‹.

le und Terrassenplatz konzeptionierte Antoni Gaudí im Jahr 1900 den **Parc Güell** 33 in der Carrer Olot. Die Gartenstadt auf einem Hügel im Norden Barcelonas blieb Utopie. Aus Mangel an Interessenten für die Immobilien wurde, neben Pförtner- und Verwaltungsgebäude am Eingang, nur ein einziges Haus gebaut, das Gaudi selbst ab 1906 bewohnte und heute das kleine **Casa Museu Gaudí** (Tel. 932 19 38 11, www.casamuseugaudi.org, April–Sept. tgl. 10–20, sonst bis 18 Uhr) beherbergt. Neben Plänen sind auch einige Originalmöbel und Haushaltsgegenstände des Meisters zu sehen. Nachdem die Arbeiten 1914 eingestellt worden waren, wandelte man 1922 das bereits gestaltete Areal in einen öffentlichen Park um. Seit 1984 zählt der Parc Güell zum UNESCO-Weltkulturerbe.

Die unvollendete, mauergesäumte **Parkanlage** fasziniert durch fantasievolle Details wie das kleine, farbenprächtige, Wasser speiende Keramikungeheuer *Python*, das die Besucher am Haupteingang begrüßt, bevor sie auf der Freitreppe zu dem von 86 stark geneigten Säulen getragenen *Terrassenplatz* hinaufsteigen. Ihn umgibt eine schlangenartig gewundene **Steinbank**, deren Lehne von kunterbunten, in Kollagetechnik zusammengesetzten Keramiksplittern bedeckt ist. Es ist ein herrlicher Platz zum Verweilen, die Wasser eines Brunnens plätschern, und der Blick richtet sich auf die Dächer und Türme der von hier so fern wirkenden Stadt.

Praktische Hinweise

Information

Turisme de Barcelona, Plaça de Catalunya 16 (Untergeschoss), Barcelona, Tel. 933 85 38 34, www.barcelonaturisme.com, www.bcn.es. Weitere Büros: La Rambla 115, Plaça de Sant Jaume (linke Seite des Rathauses), Flughafen El Prat (Terminal A und B), Bahnhof Estación Central de Sants.

Oficina de Información Turistica de la Generalitat de Catalunya, Passeig de Gràcia 107, Barcelona, Tel. 932 38 80 91, www.gencat.cat

Alle Informationsstellen verkaufen die 2–5 Tage gültige **Barcelona Card**. Sie berechtigt zur unbegrenzten Nutzung der öffentlichen Verkehrsmittel und beinhaltet Vergünstigungen in Museen sowie zahlreichen Geschäften und Lokalen der Stadt.

Öffentliche Verkehrsmittel

Die **Metrolinien** verkehren So–Do 5–24, Fr 5–2 Uhr, Sa rund um die Uhr. **Busse** fahren tgl. 4.30–22 Uhr, zusätzlich starten

Die geschwungene Freitreppe am Eingang stimmt auf den Besuch des Parc Güell ein

an der Plaça de Catalunya mehrere **Nachtbuslinien** (www.tmb.net).

Neben Einzeltickets und Zehnerkarten sind an den Fahrkartenschaltern der Metrostationen Tageskarten (›T-Dia‹) erhältlich, mit denen man 1–5 Tage lang U-Bahnen und Busse unbegrenzt nutzen kann. Einige Metrostationen verfügen nur über Ticketautomaten.

Der **Barcelona Bus Turístic**, ein Panoramabus, fährt die wichtigsten Sehenswürdigkeiten an. Die Fahrt kann beliebig oft unterbrochen werden. Es werden 1 oder 2 Tage gültige Tickets verkauft.

Cafés und Bars

Café de l'Opera, Rambla dels Caputxins 74, Barcelona, Tel. 933 17 75 85. Ein bunt gemischtes Publikum genießt in dem Kaffeehausklassiker seinen Espresso.

Can Paixano, Reina Cristina 7, Barcelona, Tel. 933 10 08 39, www.canpaixano.com. Bodenständige Stehkneipe mit deftigen *Tapas*. Die Hauptattraktion ist jedoch *Cava* zu Probierpreisen (So geschl.).

Im luftigen Patio des Hotel Peninsular kann man den Trubel der Großstadt vergessen

Schilling, Carrer Ferran 23, Barcelona, Tel. 933 17 67 87, www.cafeschilling.com. In dem wunderschönen Café gibt es bis spätabends leckere Kleinigkeiten.

Nachtleben

Mirablau, Plaça Dr. Andreu (Tibidabo), Barcelona, Tel. 934 18 58 79, www.mirablau.com. Vom Balkon des schicken Tanzlokals genießt man nachts einen atemberaubenden Blick über das Lichtermeer von Barcelona.

Shoko Club, Passeig Maritim 36 (Barceloneta), Barcelona, Tel. 933 34 02 58, www.shoko.biz. Einer von mehreren Clubs am Strand mit japanischem Touch. Toller Blick aufs Mittelmeer.

TOP TIPP **La Terrrazza**, Avinguda del Marquès de Comillas, 13, Barcelona, Tel. 687 96 98 25, www.laterrrazza.com. Glamouröser Open-Air-Club in einem alten Castillo oberhalb Poble Espanyol. Regelmäßig legen internationale DJ´s auf. Von Mai bis Ende September nur an Wochenenden geöffnet.

Hotels

TOP TIPP ******Condes de Barcelona**, Passeig de Gràcia 73–75, Barcelona, Tel. 934 45 00 00, Fax 934 45 32 32, www.condesdebarcelona.com. Stilvolles Hotel der gehobenen Mittelklasse am schicken Einkaufsboulevard nahe der Diagonal. Die Zimmer sind durchweg mit Art-Déco-Möbeln ausgestattet. Sonnenterrasse auf dem Dach.

******Gran Hotel Havanna**, Gran Via de les Corts Catalanes 647, Barcelona, Tel. 933 41 70 00, Fax 933 41 70 01, www.hoteles-silken.com. In dem Prachtbau kann man sich wie ein König fühlen – zu entsprechenden Preisen!

******Hotel Silken Ramblas**, Carrer Pintor Fortuny 13, Barcelona, Tel. 933 42 61 80, Fax 933 02 79 77, www.hoteles-silken.com. Das ebenfalls geschmackvoll eingerichtete ehem. Hotel Ambassador lockt mit Pool auf der Dachterrasse.

******Rívoli Ramblas**, Rambla dels Estudis 128, Barcelona, Tel. 934 81 76 76, www.hotelrivoliramblas.com. Die zentrale Lage und das Ambiente, in dem sich Jugendstil und modernes Design aufs Glücklichste vereinen, haben ihren Preis.

*****Banys Orientals**, Carrer Argenteria 37, Barcelona, Tel. 93 268 84 60, Fax 932 68 84 61, www.hotelbanysorientals.com. Designhotel in zentraler Lage mit großartigem Preis-Leistungs-Verhältnis.

Leckere Brathähnchen sind die Spezialität des urigen Restaurants Los Caracoles

******Gaudí**, Nou de la Rambla 12, Barcelona, Tel. 933 17 90 32, Fax 934 12 26 36, www.hotelgaudi.es. Mittelklassehotel in unmittelbarer Nähe der Rambles.

******España**, Carrer de Sant Pau 9–11, Barcelona, Tel. 933 18 17 58, Fax 933 17 11 34, www.hotelespanya.com. Für Nostalgie-Fans. Wer dem Charme des Modernisme verfallen ist, wird das von Lluís Domènech i Montaner gestaltete Hotel lieben.

TOP TIPP **El Bacon del Born**, Carrer de Rere Palau 2, Primero 2a, Barcelona, Tel. 634 52 45 05, www.facebook.com/ElBalconDelBorn.Barcelona.
Ein historisches Gebäude beherbergt das. stimmungsvoll eingerichete B&B im zentrumsnahen lebendigen Quartier Born. Die Gastgeber Pablo, Anna Tomas und Roberto haben Sinn für Ambiente und ein Gespür für die Betreuung ihrer Gäste.

***Peninsular**, Carrer San Pablo 34, Barcelona, Tel. 933 02 31 38, Fax 934 12 36 99, www.hotelpeninsular.net. Einfaches, Haus mit Innenhof. Im Zentrum gelegen, nicht weit von den Rambles. Gutes Preis-Leistungsverhältnis.

El Jardí, Plaça Sant Josep Oriol 1, Barcelona, Tel. 933 01 59 00, Fax 933 42 57 33, www.jardi-barcelona.com. Nettes Hostal in zentraler Lage, etwas laut. Frühzeitig reservieren!

Hostal-Residencia Windsor, Rambla Catalunya 84, Barcelona, Tel. 932 15 11 98, www.hostlwindsor.com. Angenehme kleine Pension mit überraschendem Komfort.

Restaurants

Cal Pep, Plaça de les Olles 8, Barcelona, Tel. 933 10 79 61, www.calpep.com. Tapas in authentischem Ambiente.

Can Culleretes, Carrer Quintana 5, Barcelona, Tel. 933 17 30 22, www.canculleretes.com.
Im angeblich ältesten Restaurant der Stadt (1786) isst man deftig, die üppigen *Botifarras* (katalanische Bratwürste) schmecken himmlisch (So abend und Mo geschl.).

El Pitu del Born, Plaça Comercial 11, Barcelona, Tel. 932 68 70 21. Hier stimmen Präsentation und Ambiente. Ausgezeichnete Risottos und Fischgerichte.

Los Caracoles, Carrer Escudellers 14, Barcelona, Tel. 933 02 31 85. Uriges Traditionslokal. Der würzige Geruch von Brathähnchen weist den Weg.

Neichel, Carrer Beltran i Rózpide 16, Barcelona, Tel. 932 03 84 08, www.neichel.es. Gourmettempel, mit 1 Michelin-Stern ausgezeichnet. Die fantasievollen Kreationen des Chefs orientieren sich an der feinen provenzalischen Küche. Reservierung unumgänglich (So, Mo geschl.).

TOP TIPP **Senyor Parellada**, Carrer Argenteria 37, Barcelona, Tel. 933 10 50 94, . Die gehobene katalanische Küche des Maître Parellada im Barri Gòtic ist längst kein Geheimtipp mehr. Reservierung notwendig.

Barcelonas Umland – kleine Fluchten

Die Provinz Barcelona hat mehr zu bieten als Großstadtdschungel. Nur eine Autostunde südlich von Barcelona liegt mit Sitges der älteste und nach wie vor eleganteste **Badeort** der *Costa del Garrafe*, wie der Küstenstreifen um Barcelona genannt wird. Ihre herrlichen, breiten **Sandstrände** ziehen sich kilometerlang hin und gehen bei Vilanova i la Geltrú in die der Costa Daurada über.

Im Hinterland erstrecken sich ausgedehnte **Weinanbaugebiete**, wo einige der besten spanischen Trauben angebaut werden. Daraus keltern die Winzer international renommierte Rebensäfte – allen voran die spritzige Schaumweinvariante, den **Cava**. Sant Sadurní d'Anoia, die Hauptstadt des spanischen Sekts, und die Weinstadt Vilafranca del Penedès liegen eingebettet in eine sanfthügelige Landschaft. Besucher sind in den Kellereien gern gesehen. Schroff zeigt sich dagegen das graue Gebirgsmassiv von Montserrat, Heimat einer benediktinischen **Mönchsgemeinschaft** und eines der wichtigsten Wallfahrtsziele Spaniens.

29 Sitges

Turbulentes Seebad mit Charme.

Auf seinen Strand kann der Badeort Sitges zu Recht stolz sein, der helle Sand ist besonders fein. Die insgesamt 4 km unterteilen sich in 17 Strände, die durch die Bergkette der *Sierra de Garraf* im Landesinneren vor rauen Winden geschützt sind. Zwei angenehme **Strandpromenaden**, auf denen es sich herrlich flanieren lässt, begleiten im westlichen und östlichen Stadtgebiet die Küste.

Geschichte Sitges (24 000 Einw.) ist ein geschichtsträchtiger Ort, der sich im Mittelalter aus dem um die Zeitenwende angelegten Römerhafen *Subur* entwickelte. 40 km südlich von Barcelona gelegen, war es einer der ersten Urlaubsorte Spaniens und hat sich bis heute den Charakter eines eleganten Seebades bewahrt. Was früher mondän war, ist heute – manchmal liebevoll altmodisch, oft aber auch mit viel Stilempfinden – dem Zeitgeist angeglichen worden.

Gegen Ende des 19. Jh. entdeckte eine Gruppe von Freiluftmalern um Joan Roig i Soler und Arcadi Mas i Fontdevila, die später als **Sitges-Luministen** bekannt wurden, das Städtchen. Seinen Ruf als Künstlerort verdankt Sitges aber vor allem dem Maler und Schriftsteller **Santiago Rusiñol** (1861–1931), einem der bekanntesten Vertreter des katalanischen Modernisme. Rusiñol erwarb zwei Fischerhäuser in der Altstadt am Hafen. Er baute sie zu dem *Atelierhaus Cau Ferrat* (s. u.) um, das sich um 1900 zu einem wichtigen **Künstlertreffpunkt** entwickelte. *Manuel de Falla* komponierte hier einen Teil seines Balletts ›Der Liebeszauber‹ und ›Nächte in spanischen Gärten‹.

Die wohlhabenden Bürger aus Barcelona schätzten zu Beginn des 20. Jh. Sitges als Sommerfrische. Das kam den Architekten des Modernisme zugute, die hier großzügige Kapitalgeber fanden. Davon zeugt noch so manche **Jugendstil-Perle** entlang der Strandpromenade. In den 1920er-Jahren sorgten die *Surrealisten*, die das Licht und die Landschaft von Sitges schätzten, für Gesprächsstoff. Auch heute gibt man sich liberal und weltoffen – kein Wunder, dass sich hier die europäische **Gay-Szene** wohlfühlt. Weit über die Landesgrenzen hinaus ist der *Tunten-Karneval* im Februar bekannt. Zu den sehenswerten Events zählt ferner das im Oktober stattfindende Fantasyfilmfestival *Festival Internacional da Cinema da Catalunya* (www.cinemasitges.com). Im Juni und Juli finden ein Theater-, ein Jazz- und ein Tangofestival statt sowie ein Zyklus von Sommerkonzerten mit klassischer Musik.

Über den Wolken liegt die Kapelle Santa Cova in grandioser Bergeinsamkeit

Besichtigung Die hübsche Altstadt liegt zwischen beiden Stränden *Platja d'Oro* und *Platja Sant Sebastià*. Sie wird von der barocken Pfarrkirche San Bartomeo aus dem 18. Jh. beherrscht, die sich als Ausgangspunkt für einen Bummel anbietet.

Am besten schlendert man durch die **Fußgängerzone** mit den schicken Geschäften und einladenden Bars, durch die angrenzenden Gassen bis zur Strandpromenade. Dabei sollte man jedoch nicht versäumen, die für einen kleinen Badeort bemerkenswerte Museumslandschaft zu würdigen. Dazu gehört in der *Carrer Fonollar* das einstige Atelierhaus Santiago Rusiñols, das 1931, nach dem Tod des Malers, in das **Museu Cau Ferrat** (Tel. 938 94 03 64, www.mnac.cat, Mai–Sept. Di–Sa 10–20, So 10–15 Uhr, Okt.–Apr. Di–Sa 10–18, So 10–15 Uhr) umgewandelt wurde. Neben Rusiñols Sammlung schmiedeeiserner Gegenstände, etwa Beschläge, Leuchter und Fenstergitter, sind beachtenswerte Gemälde ausgestellt, u. a. von Miguel Utrillo und Ramón Casas. Picasso ist mit dem Bild ›Der Stierkampf‹ (1901) vertreten. Rusiñol erwarb Ende des 19. Jh. zwei Werke von El Greco, zu einer Zeit also, als dieser Maler in Spanien nicht sehr geschätzt wurde, und sorgte dafür, dass dem Genie ein Monument an der Promenade von Sitges errichtet wurde.

Das angrenzende **Museu Palau Maricel** (Tel. 938 94 03 64, www.museusdesitges.com, Juli–Sept. Di–Sa 9.30–14 und 16–19, So 10–15, Okt.–Juni Di–Sa 9.30–14 und

15.30–18.30, So 10–15 Uhr) birgt seit 1969 die Städtische Gemäldesamm-lung, u.a. mit weiteren Arbeiten von Rusiñol. Das aus zwei Gebäudeteilen bestehende ehem. Hospital stammt aus dem 14. Jh. Es bietet somit den passenden architektonischen Rahmen für eine ebenfalls hier ausgestellte kleine, aber beachtenswerte Sammlung mittelalterlicher Kunst, Glanzpunkte sind die Fresken in der einstigen Kapelle des Krankenhauses mit Szenen aus dem Leben des hl. Bartholomäus.

Das Romantische Museum, das **Museu Romàntico** (Tel. 938 94 29 69, www.musuesdesitges.cat, Juli–Sept. Di–So 11–20, Okt.–Juni Di–Sa 10–14 und 15.30–19, So 11–15 Uhr), in der nahen Carrer Sant Gaudenci macht ein vornehmes Stadthaus des 19. Jh. zugänglich. Seine originalgetreue *Innenausstatttung* führt in die Welt einer katalanischen Grundbesitzerfamilie, die ihre Glanzzeit auf der Schwelle zum 19. Jh., in der Epoche der Romantik, erlebte. Darüber hinaus ist in dem Museum eine Puppensammlung zu sehen und eine Ausstellung über Weinerzeugung und -handel der Region.

Der Stolz der hiesigen Winzer ist der **Malvasia de Sitges**, ein Dessertwein, von dem jährlich nicht mehr als 4000 Flaschen nach traditioneller Methode erzeugt werden. Am 3. Septemberwochenende treffen sich Freunde des Rebensaftes in Sitges zum Weinfest TOP TIPP **Fiesta de la Verema**. Höhepunkte ist ein Wettbewerb im Traubenstampfen, bei dem die erste Traubenernte des Jahres mit bloßen Füßen gepresst wird. Anschließend zelebriert man dann die Wahl der Weinkönigin.

Oben: *Seine familienfreundliche Seite zeigt Sitges am Hauptstrand nahe der Kirche San Bartomeo*

Unten links: *Die Wahl fällt schwer, wenn zur Fiesta de la Verena eine Weinkönigin gekürt werden soll*

Unten: *Beim Traubenstampfen heißt es unverdrossen treten*

Praktische Hinweise

Information

Oficina de Turisme, Placa Eduard Maristany 2, Sitges, Tel. 938 94 42 51, www.sitgestur.com

Hotels

****San Sebastian Playa**, Port Alegre 53, Sitges, Tel. 938 94 86 76, www.hotelsansebastian.com. Moderner Komfort im Stil der *Belle Epoque* an der Strandpromenade.

*****Platjador**, Passeo del Ribo 35, Sitges, Tel. 938 94 50 54, www.hotelsitges.com. Sehr zentrale Lage am Meer, etwas abseits vom Trubel.

*****Subur**, Passeig de la Ribera, Tel. 938 94 00 66, www.hotelsubur.com. Schlichtes Haus in Strandnähe, das vor allem junge Leute anspricht.

****Romàntic**, Carrer Sant Isidre 33, Sitges, Tel. 938 94 83 75, www.hotelromantic.com.
Nicht nur Antiquitätenliebhaber schätzen die Ausstattung dieses zentral gelegenen Hotels.

Restaurants

Amore, Passeig de la Ribera 18, Sitges, Tel. 938 94 41 04. Die Spezialitäten sind *Paella* und *Fideuà*, eine Fischpfanne mit Nudeln, zu günstigen Preisen (Mi geschl.).

El Greco, Passeig de la Ribera 70, Sitges, Tel. 938 94 29 06. Ob gegrillt, gesotten, paniert oder gekocht – Fisch ist in diesem Lokal immer eine Köstlichkeit.

Izarra, Carrer Mayor 22, Sitges, Tel. 938 94 73 70. Wunderschöne *Tapas*-Bar in der Fußgängerzone mit baskischen Spezialitäten.

30 Vilanova i la Geltrú

Vergleichsweise wenige Touristen besuchen den hübschen Strandort.

Die geschäftige Stadt (61 000 Einw.) lebt nicht in erster Linie vom Tourismus, sondern von der Textilindustrie. Trotzdem oder gerade deshalb lohnt sich ein Besuch. Der heutige Ort besteht aus den beiden alten Siedlungen **Vilanova** (13. Jh.) und **La Geltrú** (11. Jh.). Stimmungsvoll und

Spanische Sommerfrische an der Strandpromenade von Vilanova i la Geltrú

Kühne Bögen konzipierte Puig i Cadafalch für die Empfangshalle von Can Codorníu

lebendig gibt sich die Altstadt mit engen Gassen, flankiert von zahlreichen mittelalterlichen Gebäuden. Bestimmendes Bauwerk ist das wuchtige, im 12. Jh. auf einem Hügel erbaute **Castell de la Geltrú** an der Avenida Balaguer. Dort befindet sich auch die Sammlung **Biblioteca Museu Víctor Balaguer** (Tel. 938 15 42 02, www.victorbalaguer-bmb.org, Juni–Sept. Di/Mi, Fr/Sa 10–14 und 16.30–19.30, Do 10–14 und 18–21, So 10–14, Okt.–Mai Di/Mi, Fr/Sa 10–14 und 16–19, Do 18–21, So 10–14 Uhr), in der regionale Gebrauchskeramik des 17./18. Jh. sowie Malerei des 19./20. Jh. zu sehen ist.

Die **Hafenpromenade** wird gesäumt von dicht an dicht stehenden, mehrstöckigen Wohnhäusern. Ein Bummel lohnt trotzdem, und wer sich am bunten Treiben im Fischereihafen sattgesehen hat, kann eines der vielen benachbarten kleinen Fischlokale aufsuchen, die vor allem am Wochenende von Einheimischen gut besucht sind und ein solides Preis-Leistungs-Verhältnis bieten.

i Praktische Hinweise

Information

Oficina de Turisme, Passeig del Carme s/n (Parc de Ribes Roges), Vilanova i la Geltrú, Tel. 938 15 45 17, www.vilanovaturisme.cat

31 Sant Sadurní d'Anoia

Hauptstadt prickelnder Genüsse.

95 Prozent des spanischen Schaumweins *Cava* werden in der Region Penedes hergestellt, genauer gesagt in Sant Sadurní d'Anoia und Umgebung. Mehr als 100 Sektkellereien gibt es hier, darunter die der in Mitteleuropa bekanntesten Hersteller **Freixenet** und **Codorníu**. Fast alle Betriebe bieten Besichtigungen und Verkostungen an.

Ein Muss ist der Besuch beim *Cava-Papst* **Can Codorníu**, in dessen Betrieb vor 120 Jahren die Geschichte des spanischen Schaumweins begann. Der älteste Teil der Kellerei, die heiligen Hallen gewissermaßen, wurden 1896–1906 vom Großmeister des Modernisme, Josep Puig i Cadafalch, erbaut und stehen heute unter Denkmalschutz. Die unterirdischen Stollen beeindrucken allein durch ihre Ausmaße – auf insgesamt 25 km Länge, in fünf Stockwerken lagern über 100 Mio. Flaschen Sekt. Im Rahmen der Besichtigung wird auch der mit Bronze überzogene und mit Christbaumkugeln geschmückte **Weinstock** gezeigt, aus dessen Reben der erste *Cava* gekeltert wurde. Der Genuss eines Gläschens Sekt führt abschließend in die Gegenwart zurück.

i Praktische Hinweise

Sektkellereien

Can Codorníu, Avenida Jaume Codorníu, Sant Sadurní d'Anoia, Tel. 938 91 33 42, www.codorniu.com, Besichtigung Mo–Fr 9–17, Sa/So 9–13 Uhr, Voranmeldung erwünscht

Freixenet, Carrer Joan Sala 2, Sant Sadurní d'Anoia, Tel. 938 91 70 96, Fax 938 91 70 77, www.freixenet.es, Besichtigung Mo–Do 10–14.30 und 16–19, Fr–So 10–14.30 Uhr, nur nach Voranmeldung

32 Vilafranca del Penedès

Sanfthügelige Heimat edler Weine.

Inmitten üppiger Weinberge liegt Vilafranca del Penedès (25 000 Einw.), der Hauptort des Bezirks Alt-Penedès, seit Ende des 18. Jh. eine der wichtigsten **Weinanbauregionen** Spaniens. Die traditonsreichen Kellereien sind denn auch das Ziel der meisten Besucher, wiewohl ein Bummel durch die malerische **Altstadt** gleichfalls lohnt.

Die Burgvogte von Vilafranca waren im Mittelalter verpflichtet, ihre königliche

Spritziges Lieblingsgetränk der Katalanen

Cava, der katalanische Schaumwein, ist in! Es hat sich längst herumgesprochen, dass die katalanischen **Spitzenprodukte** es durchaus mit dem französischen Champagner aufnehmen können.

Die Geburtsstunde des **Cava** schlug 1872, als der Winzer Josep Raventós, verheiratet mit Anna Codorníu aus einer seit 1551 etablierten Winzerfamilie, von einer Studienreise nach Frankreich zurückkehrte. Der **Champagner** hatte es ihm angetan, und so begann er, mit den heimischen Trauben die ›Méthode champagnoise‹ zu kopieren, die der französische Mönch Dom Perignon im 17. Jh. entwickelt hatte. Und das Ergebnis konnte sich trinken lassen!

Für die Herstellung eines guten Cava braucht man neben ausgezeichneten Trauben auch Fingerspitzengefühl und viel Geduld. Der Wein wird nach der ersten Gärung auf **Flaschen** abgefüllt, in denen er nach spanischem Gesetz mindestens neun Monate verbleiben muss, edle Qualitäten entsprechend länger. Eine zweite Gärung durchläuft er in der Flasche selbst. Damit sich die Hefe am Korken absetzt, werden die Flaschen geschüttelt, was heute in den großen Kellereien maschinell geschieht – immerhin produzieren sie rund 40 Mio. Flaschen jährlich. Ist die Reifung abgeschlossen, wird der Satz gefroren und entfernt, bevor die Flaschen endgültig verkorkt werden.

Die Katalanen haben den prickelnden Wein längst zu ihrem **Lieblingsgetränk** erkoren. Erfreulicherweise gilt beim Cava: Was gut ist, muss nicht unbedingt teuer sein. In mancher kleinen **Xampanyeria** bekommt man ein Gläschen vom Haus-Cava zu einem echten Freundschaftspreis. Dabei hat man die Auswahl zwischen den Sorten **Brut** (sehr trocken), **Sec** (trocken), **Semisec** (halbtrocken) und **Dolç** (süß).

Geschüttelt, nicht gerührt – ohne die Rüttelpulte gäbe es keinen perlenden Cava

Herrschaft auf deren Reisen zu beherbergen. Zu diesem Zweck entstand 1236 der **Palacio Real** an der Plaça Jaume I., in dem Pere el Gran 1289 starb. Heute birgt der strenge Bau das **Museu de Vilafranca – Museu del Vi** (Tel. 938 90 05 82, www.vinseum.cat, Juni–Aug. Di–Sa 10–19, So 10–14, sonst Di–Sa 10–14 und 16–19, So 10–14 Uhr) zu Geschichte und Kultur der Region, die besonders durch den Weinanbau geprägt wurde. Die Besichtigung liefert nicht nur einen hervorragenden Überblick über den Rebenanbau von der Römerzeit bis heute, sondern ist gleichzeitig eine ausgezeichnete Vorbereitung auf den Besuch einer der Kellereien in der Umgebung. Sogar eine kleine Weinprobe wird den Besuchern im Museum angeboten.

Die Wege zu den etwas außerhalb des Ortes liegenden **Kellereien** sind gut ausgeschildert. Die berühmteste ist das Anwesen der Familie **Miguel Torres** in der Carrer Comercio 22 (www.torres.es, Voranmeldung unter Tel. 938 17 74 00, Fax 938 17 74 44). Der Winzer unterhält Filialen in Chile und Kalifornien und produziert einige der höchstdekorierten spanischen Weine. Erstaunlich vielfältig ist die Palette, die von süffigen Weißen bis zu rassigen Roten reicht. Die Besichtigung der Kellerei schließt eine Busfahrt durch die Weinberge ein, und abschließend kann man sich persönlich von der hohen Qualität der Penedès-Weine überzeugen.

Drohend und beschützend zugleich erheben sich die mächtigen Felsriesen der Sierra de Montserrat seit Jahrhunderten über dem gleichnamigen Kloster

i Praktische Hinweise

Information

Oficina de Turisme, Carrer de la Fruita 13, Vilafranca del Penedès, Tel. 938 18 12 54, www.turismevilafranca.com

33 Montserrat

Pilgerzentrum auf einem heiligen Berg.

Meterhohe Kalksteine türmen sich südwestlich des Dorfes *Monistrol* beidseits der Straße auf. 8 km lang windet sie sich in teils steilen Kehren auf den abrupt in der staubstrockenen, unwirtlichen Ebene auftauchenden Felsen hinauf. **Montserrat**, *zersägter Berg*, nannten die Katalanen treffend das 10 km lange und 5 km breite Massiv mit dem markanten Einschnitt in der Mitte. Statt Engeln mit goldenen Sägen, wie die Legende erzählt, waren es die Kräfte der Verwitterung, die in den Jahrmillionen seit dem Tertiär dieses bizarre Kunstwerk der Natur schufen. Eingebettet zwischen die beiden ›Hälften‹ des bis zu 1235 m hohen Felsens liegt auf 725 m Höhe das Kloster **Santa Maria de Montserrat**

Refliefdarstellungen von Mariae Heimsuchung und Christi Geburt flankieren die Moreneta

(www.abadiamontserrat.net). Die Anlage ist nach der Alhambra in Granada die am zweithäufigsten besuchte Sehenswürdigkeit Spaniens. Wegen seiner unzugänglichen Lage muss es einst ein verschwiegener und geheimnisvoller Ort gewesen sein. Heute erreicht man ihn mit dem Auto von Barcelona aus in etwa 1 Std.: von der Autobahn A 7 auf die N 11, dann Richtung Manresa auf die C 1411 und bei Monistrol links abbiegen. Vor den Toren des Klosterkomplexes befindet sich ein großer Parkplatz. Von dem Dorf Olesa führt auch die Schwebebahn **Teleférico** hinauf. In beiden Fällen bieten die weiten Ausblicke ein großartiges Landschaftserlebnis.

Geschichte Schon im 9. Jh. lebten Eremiten auf dem Montserrat. **Benediktiner** gründeten in der ersten Hälfte des 11. Jh. an dieser Stelle ein Konvent, das sich zu einem wichtigen Studienzentrum des Mittelalters entwickelte. Sein Ruf und seine Beliebtheit gründeten sich nicht zuletzt auf **La Moreneta**, eine ca. 30 cm hohe Statue der sitzenden Muttergottes mit lächelndem, dunkel gefärbtem Gesicht und dem Jesukind auf dem Schoß. Die Legende erzählt, dass die *Schwarze Madonna* in der **Santa Cova**, der Heiligen Grotte oberhalb des heutigen Klosters, gefunden wurde. In den folgenden Jahrhunderten erklommen immer mehr Pilger den Berg, um die angeblich wundertätige Marienfigur zu sehen. 1881 trug Papst Leo XIII. dieser innigen Verehrung Rechnung und erklärte die Schwarze Madonna von Montserrat zur **Schutzheiligen Kataloniens**.

1808 zerstörten napoleonische Truppen große Teile des Klosters, die Mönche bauten die Gebäude ein halbes Jahrhundert später wieder auf. Montserrat kam neben der religiösen auch politische Bedeutung zu, denn es war ein Zentrum der **Renaixença**, der Renaissance katalanischer Kultur im 19. Jh. Nach dem Spanischen Bürgerkrieg 1936 diente das abgelegene Kloster als Zufluchtsstätte für politisch Verfolgte, die hier vor der Diktatur General Francos Schutz fanden. Heute leben rund 80 Benediktinermönche im Kloster und freuen sich über den anhaltend starken Zustrom von Pilgern, jedes Jahr erweisen immerhin mehr als 750 000 der Moreneta ihre Referenz.

Die Brüder verwalten auch das *Wirtschaftsunternehmen* Montserrat mit Hotel, Schnellimbissen, Supermarkt und mehreren Souvenirgeschäften, in denen Hausgemachtes vom Likör bis zur CD der Sängerknaben angeboten wird.

Besichtigung Die *Plaça de Santa Maria* bildet den Mittelpunkt der Klosteranlage, unterhalb des Platzes liegt das **Museu de Montserrat** (Tel. 938 77 77 01, www.montserratvisita.com, Mo–Fr 10–17.45, Sa/So 10–19 Uhr). Es umfasst sechs Abteilungen: Archäologie des biblischen Orients, Goldschmiedekunst, alte und moderne Kunst, byzantinische und russische Ikonen. Zu den Schätzen des Museums gehören Werke von El Greco, Caravaggio, Picasso, Dalí und französischen Impressionisten.

Von der mittelalterlichen Klosteranlage im Osten der Plaça de Santa Maria blieben nach den Verwüstungen durch napoleonische Truppen nur Teile des gotischen *Kreuzgangs* aus dem 15. Jh. und ein romanisches *Portal* erhalten. Bereits im 16. Jh. ersetzte eine Basilika die vormalige romanische **Klosterkirche**, aber auch sie wurde nach den Zerstörungen im 19. Jh. – stark verändert – neu aufgebaut. Ihre neoplatereske **Fassade** erhebt sich gegenüber dem Torbogen, durch den man den zentralen Platz betritt, und beherrscht diesen mit der Skulpturenreihe ›Christus und die 12 Apostel‹ sowie der schlichten Fensterrosette über dem Hauptportal.

Der 68 m lange und 21 m breite, einschiffige **Innenraum** ist schlicht gehalten. Die Aufmerksamkeit richtet sich auf den Hochaltar in der Apsis mit der Statue der *Santa Imatge*, der *Mare de Deu de Montserrat*, die auf das 12./13. Jh. datiert wird. Kerzenruß war es wohl, der ihr Gesicht so dunkel färbte, dass sie den Beinamen *La Moreneta*, ›die kleine Dunkle‹, erhielt. Man schreibt ihr wundersame Kräfte zu, und zahllose Pilger stehen noch heute jeden Tag geduldig in der Schlange, um sie berühren zu können.

Ein akustisches Erlebnis sind die Darbietungen der Sängerknaben der **Escolanía**, der wohl ältesten Musikschule Europas. Der Chor singt regelmäßig in der Klosterkirche (Mo–Fr 13, So 12 Uhr, außer in Sommer- und Weihnachtsferien).

Ausgeschilderte Fußwege führen vom Kloster zu den **Miradores**, den Aussichtspunkten in den umliegenden Bergen. Die Fernsicht über den Felseinschnitt in die weite Ebene ist grandios. Besonders beeindruckend ist der Blick vom Gipfel des 1235 m hohen *Sant Jeroni*, der in 2 Std. zu Fuß oder – in bedeutend kürzerer Zeit – mit der Seilbahn zu erreichen ist.

Im mittelalterlichen Kreuzgang findet man ein ruhiges Plätzchen für eine kleine Rast

Praktische Hinweise

Hotel

******Abat Cisneros***, Plaça de Santa Maria, Montserrat, Tel. 938 77 77 01, Fax 938 77 77 24, www.abadiamontserrat.net. Von Mönchen geführtes Hotel im Klosterbezirk.

Die hellen Stimmen der Sängerknaben von Montserrat singen das Lob Gottes

Costa Daurada – ›vergoldete Küste‹ und gebirgiges Hinterland

Lang, breit und feinsandig sind die Strände der Costa Daurada. Wenn sie die Abendsonne in **rotgoldenes Licht** zu tauchen scheint, wird offensichtlich, wie diese Küste zu ihrem Namen kommt, denn *daurada* bedeutet ›vergoldet‹.

Die nahen Gebirgszüge wie die *Sierra del Boix* oder die *Sierra de la Pedrera* halten den *Tramuntana*, den Wind aus dem Landesinneren, ab. So herrscht an der Küste das ganze Jahr hindurch ein **mildes Klima** mit wenigen Regentagen. Das angenehme Wetter und die einladenden Strände waren auch ausschlaggebend für den touristischen Ausbau der Küste ab Ende der 1960er-Jahre. Neue Badeorte wurden geschaffen und alte Siedlungen erweitert, um Platz für die sonnenhungrigen Urlauber aus dem Norden zu schaffen. Aber entlang dieser 216 km langen Küste mit 786 ha Stränden gibt es neben den Tourismushochburgen nach wie vor gemütliche kleine **Urlaubsorte**, die in erster Linie Fischerdörfer sind und erst in zweiter Linie vom Tourismus leben.

Die Costa Daurada beginnt im Norden bei Calafell, an der Grenze zur Provinz Tarragona. Im Süden bildet die Grenze der **Ebro**. Der mächtigste Strom Spaniens, entspringt in der *Cordillera Cantabrica*, dem Kantabrischen Gebirge, bildet bei Tortosa ein mächtiges, rund 40 km langes Delta und ergießt sich schließlich ins Mittelmeer. Der Naturpark **Delta de l'Ebre** ist das größte Feuchtgebiet Kataloniens und ein Paradies für Vogelbeobachter.

Hat man an der Küste genug Sonne ›getankt‹, so wartet ein grandioses **Hinterland** darauf, entdeckt zu werden. **Tarragona** ist die Hauptstadt der gleichnamigen Provinz und mit 144 000 Einwohnern auch ihre mit Abstand größte Stadt. Einst mächtigste Siedlung des römischen Reiches auf der iberischen Halbinsel, hat es Tarragona geschafft, seine große Geschichte in die Gegenwart als Industriestadt und Ferienort einzubeziehen. Im Jahr 2000 erklärte die UNESCO die archäologischen Funde aus der Römerzeit zum Weltkulturerbe. In der Umgebung prägen Mandel- und Haselnussplantagen, dazwischen vereinzelt Olivenhaine das oft wilde, menschenleere Binnenland. An der westlichen Provinzgrenze liegt Lleida, in das sich im Mittelalter Zisterziensermönche zurückzogen und mächtige **Klöster** wie Poblet und Santes Creus gründeten.

34 Tarragona

Plan Seite 100

Einst römische Metropole, heute lebendige Provinzhauptstadt mit geschäftigem Hafen.

Die Hauptstadt (144 000 Einw.) der gleichnamigen Provinz ist in den letzten Jahrzehnten stark gewachsen, Neubauviertel schossen ebenso aus dem Boden wie Industrieanlagen. Immerhin verfügt Tarragona nach Barcelona über den zweitgrößten **Hafen** Kataloniens.

Facetten des Südens: fruchtbares Tal des Ebro, geschichtsträchtiges Kloster Poblet und die alte Römerstadt Tarragona

Darüber hinaus ist Tarragona ein uralter Ort, der schon im Römischen Imperium als Metropole galt. Glücklicherweise hat diese Stadt mit Vergangenheit auch eine lebendige Gegenwart und schwelgt nicht nur in Erinnerungen an die große Zeit. Römische Ruinen findet man in Tarragona allenthalben, doch sind sie nicht nur Sehenswürdigkeiten, sondern wurden als Oasen der Ruhe integriert. Auch die **Altstadt** ist weit entfernt von musealer Atmosphäre. Sie wird belebt von Cafés, Restaurants und Bars, die sich harmonisch in das Stadtbild einfügen.

Geschichte Die strategisch günstige Lage auf einem Hügel 70 m über dem Meer, dazu ein natürlicher Hafen und gute Verbindungen ins Hinterland machten Tarragona zu einem idealen Ausgangspunkt für die **Romanisierung** der Iberischen Halbinsel. Die Römer nahmen die bereits bestehende, wahrscheinlich iberische Siedlung 218 v. Chr. ein und bauten sie zur prächtigen Hauptstadt der Provinz *Hispania citeriors* aus, des späteren *Tarraconensis*. Julius Caesar verlieh *Tarraco* 45 v. Chr. den Titel *Colonia Julia Urbs Triumphalis Tarraconensis*. Zu diesem Zeitpunkt war Tarragona mit rund 30 000 Einwohnern für die damalige Zeit bereits eine **Großstadt**, eine der bedeutendsten Niederlassungen des Imperiums, in der zeitweilig die Kaiser Augustus und Hadrian residierten.

Auch für die **Christianisierung** der iberischen Halbinsel bildete Tarragona den Ausgangspunkt. Der Legende nach war es kein geringerer als der Apostel Paulus, der das Wort Gottes hier verbreitete. Bereits im 3. Jh. war Tarragona **Bischofssitz**. Ein Niedergang folgte mit der Eroberung durch die Westgoten im 5. Jh. und der arabischen Invasion im Jahr 716. Die Stadt wurde gänzlich entvölkert und erst nach der christlichen Rückeroberung 1117 durch Graf Ramón Berenguer III. wieder besiedelt. Die politische Vormachtstellung in der Region war zwar in der Zwischenzeit an Barcelona verloren gegangen, aber Tarragona blieb als Sitz des Erzbischofs **religiöses Zentrum**.

Das 15. Jh. brachte – wie in ganz Katalonien – eine erneute Rezession, und erst Mitte des 19. Jh. ging es im Zuge der Industrialisierung wieder bergauf. Ende des 19. Jh. wurde die Neustadt angelegt, Tarragona entwickelte sich zu einer wichtigen Hafenstadt und einem Zentrum der petrochemischen Industrie.

Archäologischer Spaziergang

Der ausgeschilderte **Passeig Arqueològic** ❶ (Tel. 977 24 57 96, Ostern–Sept. Di–Sa 9–21, So 9–15, sonst Di–Sa 9–17, So 10–15 Uhr) beginnt im Norden an der **Plaça del Pallol**. Durch das römische *Portal del Roser* führt er zwischen den doppelten Wällen der historischen Stadtbefestigung etwa 1 km um einen Teil der Altstadt herum. Die *innere Mauer* ist die ältere, ihre Basis bilden riesige Megalithblöcke aus der frühen römischen Periode (Ende des 3. Jh. v. Chr.), darüber lagern Quadersteine aus der republikanischen und kaiserlichen Zeit. Den Abschluss bildet mittelalterliches Mauerwerk. Die *äußere Mauer* mit ihren drei erhaltenen Türmen entstand erst ab 1707 unter den Habsburgern. Blumen und Baäume säumen den Spazierweg, auf dem sich immer wieder schöne **Ausblicke** auf Stadt und Umland bieten. Der Passeig endet im Südosten am **Portal de Sant Antoni**, von dem man wieder in die Altstadt gelangt.

Altstadt

Auf dem höchsten Punkt der Stadt lag in römischer Zeit der *Jupitertempel*, der

Über dem romanischen Hauptbau der Kathedrale erhebt sich der gotische Vierungsturm

einer frühchristlichen Basilika weichen musste. Diese wiederum wurde von den maurischen Eroberern durch eine Moschee ersetzt, an deren Stelle man nach der christlichen Rückeroberung mit dem Bau der **Catedral de Santa Tecla** 2 (Tel. 977236935, www.catedraldetarragona.com, 16. März–Mai Mo–Sa 10–13 und 16–19, Juni–15. Okt. Mo–Sa 10–19, 16. Okt.–15. Nov. Mo–Sa 10–17, 16. Nov.–15. März Mo–Sa 10–14 Uhr) begann. Die Arbeiten zogen sich von 1171 bis 1331 hin. Es entstand ein beeindruckendes Beispiel der Kirchenbaukunst im Übergangsstil zwischen Romanik und Gotik. Schon die mächtige **Hauptfassade** vereint Formen der Romanik mit gotischem Dekor. Filigran wirkt die Maßwerkrosette, elegant sind die Figuren: Das Tympanon schildert in drastischen Bildern das ›Jüngste Gericht‹. Als liebreizende Fürbitterin erscheint die Muttergottes auf dem Mittelpfeiler des Portals, ihr zur Seite stehen die Gewändefiguren der Apostel. Meister Bartomeu schuf die französisch inspirierten Figuren im späten 13. Jh.

Der Besuch der Kathedrale ist gebührenpflichtig und schließt die Besichtigung des *Museo Diocesano* [s. u.] ein. Man betritt das Gotteshaus von Norden her durch den stimmungsvollen **Kreuzgang**, der ab dem Ende des 12. Jh. errichtet wurde. Seine Säulengänge umgeben einen quadratischen Innenhof, der in einen mediterranen Garten mit Orangenbäumen, Rosenstöcken und Akanthusblüten

Die Leiden der hl. Thekla, die bei ihrer Hinrichtung vor dem Flammentod gerettet wurde, sind auf dem Hauptaltar der Catedral Santa Tecla dargestellt

Meisterwerke aus römischer Zeit präsentiert das Museu Nacional Arqueològic

verwandelt wurde. Der Kreuzgang weist sowohl romanische Rundbogen- als auch gotische Spitzbogenelemente auf. Die Kapitelle sind reich verziert. Das bekannteste Motiv ist eine Prozession von Ratten, die eine Katze zu Grabe tragen.

Im Ostteil des Kreuzgangs liegt heute das **Museo Diocesano**. Das Diözesanmuseum verfügt über eine hervorragende Kunstsammlung, deren Schwerpunkt auf der christlichen Kunst des Mittelalters liegt. Gezeigt werden aber auch ausgewählte Exponate aus römischer und maurischer Zeit.

Der 104 m lange und 54 m breite, an sich dunkle **Innenraum** der Kathedrale ist hervorragend ausgeleuchtet und liefert ein Beispiel für das Geschick der Katalanen zur Inszenierung eines Bauwerks. Flämische *Wandteppiche* des 16. und 17. Jh. schmücken die Wände, leise Orgelmusik unterstreicht die mystische Stimmung des Kirchenraums. Den auffälligen **Hauptaltar** aus Alabaster schuf Pere Joan im 15. Jh. Beachtenswert ist besonders seine *Predella*, die drastisch Szenen aus Leben und Martyrium der heiligen Thekla schildert. Die Schutzpatronin Tarragonas soll auf wundersame Weise vor wilden Tieren, der Hinrichtung auf dem Scheiterhaufen und anderen Folterqualen gerettet worden sein. Sie wird am 23. September mit einem *Patronatsfest* gefeiert. Rechts vom Hochaltar befindet sich das **Grabmal** Juans von Aragón, der als Erzbischof von Tarragona 1331 die Kathedrale weihte. Der figurenumstandene Sarkophag ist ein Meisterwerk gotischer Plastik des 14. Jh.

In der nördlichen Seitenapsis liegt die **Capilla de los Sastres**, für die im 14. Jh. die Bruderschaft der Schneider verantwortlich war. Der *Marienaltar* aus Alabaster (1368) ist das Werk des französischen Meisters Aloy, die noch teilweise original erhaltenen Buntglasfenster schuf Meister Launtungart 1358. Von den zahlreichen anderen Kapellen sei noch die in der Mitte der südlichen Längsseite gelegene **Capilla de Santa Tecla** genannt. Sie ist mit reichen Marmorreliefs und figürlichen Allegorien der Kardinaltugenden Mäßigkeit, Klugheit, Gerechtigkeit und Tapferkeit geschmückt. Außerdem wird in ihr eine Reliquie der hl. Thekla aufbewahrt.

Vom Kathedralvorplatz *Pla de la Seu* ist es nicht weit nach Süden zur **Plaça del Fòrum** 3. Hier wurden Reste des **Fòrum Provincial** (Tel. 977 24 19 52, Ostern-Sept. Di–Sa 9–21, So 9–15, sonst Di–Sa 9–19, So 10–15 Uhr), eines der beiden römischen Foren Tarragonas, freigelegt. Es bleibt jedoch der Fantasie des Betrachters überlassen, sich die Dimensionen der antiken Stätte vorzustellen, die 300 m x 200 m eingenommen haben soll und das Regierungszentrum der *Provincia Tarraconensis* bildete.

Bei einem Streifzug durch die umliegenden, schmalen mittelalterlichen Gassen besichtigt man gleichzeitig die Überreste des einstigen jüdischen Viertels **El Call** (4), das sich heute im wesentlichen auf die drei Straßenzüge der Carrer Santa Anna, Carrer Talavera und Carrer Portella beschränkt. Vereinzelte hebräische Inschriften erinnern an die Bevölkerungsgruppe, die das Leben im mittelalterlichen Spanien stark prägte, bis die Katholischen Könige Isabella und Ferdinand sie 1492 des Landes verwiesen.

Im Westen stößt man auf die **Plaça del Rei** mit dem **Castell del Rei** (5). Es wird auch *El Pretorio*, Prätorium, oder irreführender Weise *Palacio del Augusto*, Augustuspalast, genannt. Das Castell ging aus einem der römischen Türme aus dem 1. Jh. v. Chr. hervor, die das Forum flankierten. Im Laufe der Zeit ist der Turm oft umgebaut worden. Im Mittelalter diente er als *Königlicher Palast*. Heute beherbergt er das **Museu d'Història de la Ciutat** (6) (Tel. 977 24 22 20, www.museutgn.com, Ostern–Sept. Di–Sa 9–21, So 9–15, sonst Di–Sa 9–19, So 10–15 Uhr). Schmuckstück der stadtgeschichtlichen Sammlung, die sich im Wesentlichen aus römischen Exponaten zusammensetzt, ist der *Marmorsarkophag des Hippolyt* aus dem 2. Jh.

TOP TIPP Das nahe liegende **Museu Nacional Arqueològic** (Tel. 977 23 62 09, www.mnat.cat, Juni–Sept. Di–Sa 9.30–20.30, So 10–14, Okt.–Mai Di–Sa 9.30–13.30 und 15.30–19, So 10–14 Uhr) enthält eine der bedeutendsten Sammlungen römischer Kunst in Spanien, darunter wertvolle Mosaiken, Skulpturen, Keramiken und Gebrauchsgegenstände. Bemerkenswert ist ein großes Mosaik aus La Pineda, das über 40 verschiedene Fische zeigt, und eine Elfenbeinpuppe (4. Jh.) aus einem Kindergrab. Im Keller des Gebäudes sind die Fundamente römischer Bauten zu sehen, über denen das Museum errichtet wurde.

Vom nordwestlich gelegenen römischen **Circus** (Tel. 977 23 01 71, Ostern–Sept. Di–Sa 9–21, So 9–15, sonst Di–Sa 9–19, So 10–15 Uhr) aus dem 1. Jh. sind Fundamente und Gewölbe erhalten. Er wurde im 19. Jh. teilweise durch die **Plaça de la Font** (7) überbaut. Seine Ausmaße waren aber mit 347 m x 110 m beachtlich. 23 000 Zuschauer konnten hier die beliebten Wagenrennen verfolgen. Heute wird der Platz vom klassizistischen *Rathaus* dominiert und ist ein lebendiger Treffpunkt mit vielen Bars und Restaurants.

Vor der Kulisse des beliebten Sandstrandes der Stadt, der **Platja del Miracle** erhebt sich im *Parc del Miracle* das recht gut erhaltene, 1952 freigelegte **Romà Amfiteatre** (8) (Tel. 977 24 25 79, Juni–Sept. Di–Sa 9–20, So 9–15, April/Mai Di–Sa 10–13 und 15–19, So 10–14, Okt.–März Di–Sa 10–13 und 15–17, So 10–14 Uhr). In dieser Arena konnten bis zu 12 000 Zuschauer den grausamen Tier- und Gladiatorenkämpfen

Treffpunkt und ›Flaniermeile‹ ist der Platz vor dem Hauptportal der Kathedrale

Auf der Rambla Nova zeigt Tarragona sein modernes Gesicht

folgen. Hier starben 259 n. Chr. Bischof Fructuosus und seine Diakone Augurius und Eulogius den Märtyrertod. Zu ihrem Gedenken wurde im 6. Jh. eine westgotische Basilika ins Oval der Arena gebaut. Im 12. Jh. wurde darüber die romanische Kirche *Santa Maria del Miracle* errichtet. Doch von beiden Bauten sind heute nur noch spärliche Reste erhalten.

Neustadt

Den Mittelpunkt der Neustadt, die ab Mitte des 19. Jh. im Westen zu Füßen des Altstadthügels angelegt wurde, bildet die **Rambla Nova** ⑨, der schnurgerade auf das Meer zulaufende Flanierboulevard Tarragonas. Dies ist der Parcour für den abendlichen Spaziergang, gesäumt von zahlreichen Straßencafés, wo man ein Schwätzchen hält und sich bei einem *Café solo* Appetit fürs Abendessen holt. Am meerseitigen Ende der Rambla kennzeichnet das *Denkmal des Admirals Roger de Llúria* den kleinen Platz **Balcó del Mediterrani** ⑩. Der Name ›Balkon des Mittelmeers‹ kommt nicht von ungefähr. Es handelt sich um eine 35 m hohe Plattform, Schnittstelle zwischen dem alten und dem neuen Tarragona, von der aus man einen hübschen Blick über Hafen und Meer genießt.

Westlich der Rambla Nova markieren an der **Plaça Ponent** ⑪ die Reste einer Kolonnadenreihe und zweier Tonnengewölbe den Standort des zweiten Foro Romano. Das **Fòrum de la Colònia** (Tel. 977242501, Ostern–Sept. Di–Sa 9–21, So 9–15, sonst Di–Sa 9–17, So 10–15 Uhr) war während der römischen Kaiserzeit das eigentliche Geschäftszentrum, heute lädt der hübsche baumbestandene Platz zum Entspannen ein.

Nahe einer alten Tabakfabrik am westlichen Stadtrand wurde am Passeig de la Independència 1923 eine frühchristliche Nekropole entdeckt. Neben dem dortigen **Museu i Necrópolis Paleocristians** ⑫ (Tel. 977211175, Juni–Sept. Di–Sa 10–13.30 und 16–20, So 10–14, März–Mai, Okt. Di–Sa 9.30–13.30 und 15–18, So 10–14 Nov.–Feb. Di–Sa 9.30–13.30 und 15–17.30, So 10–14 Uhr), das anhand von Sarkophagen, Mosaiken und Grabbeigaben über Begräbniskulte informiert, können auf dem Gelände unterschiedliche christliche Bestattungs-typen des 3.–5. Jh. studiert werden. Insgesamt wurden rund 2050 Fundstellen katalogisiert.

Ausflug

Am linken Ufer des Río Francolí, 6 km außerhalb der Stadt in Richtung Lleida, überspannt die 217 m lange **Puent de Diable**, die sog. Teufelsbrücke, das Flusstal. Tatsächlich handelt es sich um den **Acueducto de las Ferreras,** ein beeindruckendes Aquädukt, das Kaiser Trajan errichten ließ. Es versorgte ab ca. 100 n. Chr. das römische *Tarraco* mit dem klaren Wasser des Río Gaya. Zweistöckige Arkadenreihen – unten elf, darüber 25 gleichartige Bögen – tragen den in 27 m Höhe verlaufenden Kanal.

i Praktische Hinweise

Information

Oficina de Turisme, Carrer Mayor 39, Tarragona, Tel. 977 25 07 95, www.tarragonaturisme.cat

Die Informationsstellen verkaufen auch die **Tarragona Card**, die für 14, 48 oder 72 Stunden kostenlose Farhten im Stadtbus, freien Eintritt zu Museen und Monumenten sowie viele Rabatte in Restaurants, Geschäften usw. gewährt.

Hotels

*****Lauria**, Rambla Nova 20, Tarragona, Tel. 977 23 67 12, Fax 977 23 67 00, Zentral gelegenes Hotel kleinem Pool.

*****Nuria**, Via Augusta 145, Tarragona, Tel. 977 23 50 11, Fax 977 24 41 36, www.hotelnuria.com. Modernisiertes Mittelklassehotel.

*****Urbis Center**, Plaça de Corsini, Tarragona, Tel. 977 24 01 16, Fax 977 24 36 54, www.hotelurbiscentre.com. Nettes kleines Hotel in der Neustadt.

Restaurants

El Llagut, Carrer Natzaret 10/Plaça del Rei, Tarragona, Tel. 977 22 89 38.
Die Katalanen lieben deftige Kleinigkeiten, zu den Spezialitäten der Küche gehören Reisgerichte. Mittags gibt es eine günstigere Tageskarte (Mo geschl.).

Les Coques, Carrer Sant Llorenç 15, Tarragona, Tel. 977 22 83 00. Gepflegtes Restaurant nahe der Kathedrale mit viel seitiger Speisekarte, von *Suquet de peix* (Fischeintopf) bis Omelettes (So geschl.).

35 El Vendrell

Heimat des begnadeten Cellisten Pau Casals.

Die rund 30 000 Einwohner zählende Hauptstadt des Bezirks Baix Penèdes liegt wenige Kilometer östlich von Tarragona unweit der Küste in einem kleinen Weinanbaugebiet. Der Ort verfügt über eine ansprechende **Altstadt**, die sich um die barocke Pfarrkirche *San Salvador* aus dem 18. Jh. gruppiert. Bekannt ist El Vendrell vor allem als Geburtsort des be-

Trachten und Tänze sind im September in Tarragona während der Fiesta de Sta. Tecla zu sehen

Römisches Fußbodenmosaik mit Medusenhaupt im Museu Nacional Arqueòlogic

España war Hispania

Barcino, Empurion, Gerunda, Tarraco – die Liste der auf römische Gründungen zurückgehenden bedeutenden Städte Kataloniens ließe sich lange fortsetzen. Der Sieg Roms im 2. Punischen Krieg gegen Karthago (218–211 v. Chr.) mündete in eine über 200 Jahre währende Kolonisierung und Romanisierung von **Hispania**, wie die Römer die iberische Halbinsel nannten.

Im Jahr 197 v. Chr. errichteten die Römer die beiden Provinzen **Hispania citerior** im Nordosten und **Hispania ulterior** im Südwesten. Im Norden stießen sie auf heftigen Widerstand der Keltiberer, der bis zur endgültigen Romanisierung durch Kaiser Augustus anhielt. Er machte Hispania im Jahr 27 v. Chr. zu einer kaiserlichen Provinz und gliederte es in die Teile **Baetica** (Andalusien), **Tarraconensis** (Ebro-Tal und Mittelmeerküste) und **Lusitania** (entspricht in etwa dem heutigen Portugal und der Extremadura).

Auch in ihren Kolonien mochten die Römer nicht auf ihren Verwaltungsapparat und die zahlreichen öffentlichen Einrichtungen verzichten, daher waren gewaltige Bauten nötig. Die römisch-spanische Stadtkultur nahm ihren Anfang in Veteranenstädten wie Itálica und Municipium Emporae (Empúries) und entwickelte sich – etwa in Tarraco – zu hoher kultureller und wirtschaftlicher Blüte. Die **Via Augusta** war eine der bedeutendsten Handels- und Militärstraßen des römischen Reiches von Ost nach West. Für die Wasserversorgung wurden Aquädukte gebaut, Thermen und Bäder sorgten für Hygiene, Amphitheater boten Bühnen für Wagenrennen und Gladiatorenkämpfe.

rühmten Cellisten **Pau** (span. Pablo) **Casals** (1876–1973), dem die Stadtväter auf dem Hauptplatz ein Denkmal setzten. Wenige Meter entfernt steht das Geburtshaus des Musikers, der auch als Komponist und Dirigent wirkte. Von 1937 bis zu seinem Tod lebte der überzeugte Antifaschist und Franco-Gegner im südfranzösischen Exil.

In El Vendrells Strand- und Hafenviertel *Sant Salvador* widmete man ihm das **Museu Pau Casals** (Tel. 977 68 42 76, www.paucasals.org, 15. Juni–15. Sept. Di–Sa 10–14 und 17–21, So 10–14, sonst Di–Fr 10–14 und 16–18, Sa 10–14 und 16–19, So 10–14 Uhr). Das Museum in Casals' einstigem Strandhaus bewahrt Fotos, Dokumente und weitere Erinnerungsstücke. Gegenüber wurde der Konzertsaal *Auditorio Pau Casals* errichtet, in dem im Sommer das **Festival Internacional de Música Pau Casals** stattfindet.

Zu Vendrell gehört auch der Ferienort **Coma-Ruga**, der im Wesentlichen aus Wochenendhäusern und Campingplätzen besteht. Hauptattraktion ist hier der extrem breite *Sandstrand*, der zum Baden einlädt und an den das Meeresschutzgebiet Masia Blanca angrenzt.

Ausflug

Die weiter westwärts, Richtung Tarragona, verlaufende Küstenstraße N 340 folgt der römischen *Via Augusta*, der kaiserlichen Heerstraße, die von Gallien bis in den Süden des antiken Hispaniens führte. Unvermittelt taucht bei dem Dorf *Creixell de Mar* ein Relikt aus römischer Zeit auf, der **Arc de Berà**. Der elegante, 10 m hohe Triumphbogen wurde im 2. Jh. n. Chr. unter Trajan (53–117) errichtet. An ihm ist eine Widmung für den Senator von Tarraco und Konsul Lucius Licinus Sura angebracht. Dieses einzige erhaltenen Monument seiner Art in Spanien befindet sich in einem ausgezeichneten Zustand, die korinthischen Kapitelle wirken ebensowenig angenagt vom Zahn der Zeit wie die noch gut lesbare Widmungstafel des Kaisers.

i Praktische Hinweise

Information

Oficina de Turisme, Avenida Brisamar 1, El Vendrell, Tel. 977 68 00 10, www.elvendrellturistic.com

36 Calafell

Es lockt der feine Sandstrand …

TOP TIPP

Einen breiten, 3 km langen Strand, die **Platja de Sant Salvador**, aus hellgelbem Sand hat das Städtchen Calafell zu bieten, dazu zahlreiche, im Sommer höchst belebte *Fischrestaurants*, von deren Terrassen aus man die berühmten, farbenprächtigen **Sonnenuntergänge** wunderbar genießen kann. Davon abgesehen besitzt das auf einem Hügel gelegene Calafell eine hübsche **Altstadt**. Durch mittelalterliche Gassen gelangt man zu der alles überragenden Ruine eines *Kastells*, dessen Ursprünge wahrscheinlich noch auf römische Zeiten zurückgehen. Seine Mauern schließen auch die kleine romanische *Pfarrkirche* (11. Jh.) ein, deren Krypta Reste frühromanischer Fresken bewahrt.

Vor rund 2500 Jahren gründeten Iberer zwischen den heutigen Orten Calafell und Segur eine befestigte Siedlung, die zur Römerzeit verfiel. Inzwischen wurde Anlage ausgegraben und als **Ciutadella Ibèrica** (bei Km 57,5 an der C-246, Juli/Aug. tgl. 11–14 und 18–21, März–Juni, Sept./Okt. Di–So 11–14 und 16–18, Nov.–Feb. Di–So 11–14 Uhr) der Öffentlichkeit zugänglich gemacht. Ein Rundgang führt vorbei

Einst durchschritten Roms Legionen den Arc de Berà, der die Via Augusta überspannte

an rekonstruierten Häusern, Werkstätten und Kulträumen und vermittelt ein Bild vom Leben der Urbevölkerung.

i Praktische Hinweise

Information

Oficina de Turisme, Carrer Sant Pere 29–31, Calafell, Tel. 977 69 91 41, www.turisme.calafell.cat

Hotels

*****Kursaal**, Avenida Sant Joan de Déu 119, Calafell, Tel. 977 69 23 00, www.hotelkursaalcalafell.com.
Das große Plus des Hauses ist die Lage direkt am Meer. Alle Zimmer haben Balkon mit Meerblick.

*****Victoria**, Carretera Barcelona 98, Segur de Calafell, Tel. 977 16 20 02, www.hotel-victoria.org. Angenehmes Strandhotel mit Swimmingpool und Sauna.

37 Altafulla

Dörfliches Kleinod am Mittelmeer, dessen hübsche Umgebung schon die Römer als Sommersitz schätzten.

Das kleine Altafulla, 14 km nordöstlich von Tarragona, hat sich längst dem Fremdenverkehr geöffnet und ist dennoch ein malerischer Ort geblieben. Viele Bürger aus Tarragona und Barcelona besitzen am langen, sandigen Strand eine Zweitwohnung oder ein Wochenendhäuschen.

Seine Glanzzeit erlebte Altafulla im 18. Jh., als die Gemeinde durch den **Weinhandel** mit Amerika reich wurde, seine Geschichte reicht jedoch weiter zurück. Bereits im 1. Jh. ließ sich der römische Gouverneur auf einem Hügel nahe dem hübschen Sandstrand eine *Sommervilla* mit Meerblick errichten. Wie prachtvoll sie war, kann man bei einem Besuch der Ausgrabungsstätte **Villa Romana dels Munts** (Tel. 977 23 62 09, Juni–Sept. Di–Sa 9.30–20.30, So 10–14, Okt.–Mai Di–Sa 9.30–13.30 und 15.30–19, So 10–14 Uhr) im heutigen Barri Marítim noch erahnen, wenn auch die originalen Mosaike und Statuen ihren Platz im *Museu Nacional Arqueològic* von Tarragona [s. S. 103] gefunden haben. Immerhin gehörten zu dem Anwesen drei Thermen mit mehreren Bädern.

Die mauerumgebene **Altstadt** von Altafulla wird dominiert von dem im frühen Mittelalter erbauten **Castillo de Montserrat**. Das heute recht verfallene Gemäuer wurde im 11. Jh. erstmals als Sitz der Grafen von Tamarit erwähnt.

Tamarit de Mar

1 km westlich liegt der kleine, eingemeindete Badeort, den der Erzbischof von Tarragona im 12. Jh. zum Sommersitz erwählte. Auf einem Felsen am Strand erhebt sich über der Mündung des *Riu Gaià* das mittelalterliche **Castell de Tamarit**, im 11. Jh. zum Schutz gegen die vordringenden Mauren erbaut. Innerhalb seiner Mauern steht eine dem hl. Martin geweihte romanische Kirche. Der wuchtige

Die engen Gassen der Altstadt von Altafulla wecken die Entdeckerlust

Ein imposantes Kastell beherrscht Bucht und Strand von Tamarit

Wehrturm **Torre de la Mora** wurde 1562 hinzugefügt, weil immer wieder plündernde Piraten das friedliche Städtchen heimsuchten.

Torredembarra

Die etwa 14 000 Einwohner des Ferienortes Torredembarra leben außer vom Fremdenverkehr von Fischerei, Ackerbau und Handel. Demgemäß verfügt der Ort über eine ausgezeichnete Infrastruktur und mit *La Marina de Torredembarra* sogar noch über ein lebendiges Fischerviertel. Daran schließen sich auf 7 km die herrlichen, sanften Dünen des **Strandes** und kleinere Buchten an, die im Sommer zahlreiche Badegäste anziehen. Die größtenteils intakte mittelalterliche Altstadt wird vom mächtigen **Castell de Santa Clara** beherrscht. Die Burg stammt aus dem 12. Jh. und wurde im 16. Jh. im Renaissancestil erneuert. In der Kirche *St. Pere* (1680) kann man eine barocke Orgel bestaunen.

i Praktische Hinweise

Information

Oficina de Turisme, Plaça del Pou, 1, Altafulla, Tel. 977 65 14 26, www.altafullaturisme.cat.

Oficina de Turisme, Passeig Rafael Campalaus, 16, Torredembarra, Tel. 977 64 45 80, www.turismetorredembarra.cat

38 Reus

Geburtsstadt der beiden Kreativen Antoni Gaudí und Marià Fortuny.

Reus mit seinen fast 100 000 Einwohnern ist keine Touristenstadt, obwohl ein Großteil der Besucher der Costa Daurada auf dem hiesigen *Charterflughafen* landet. In erster Linie ist es **Handelszentrum** für Agrarprodukte und Einkaufsstadt. Trotzdem erfreut sich der Ort internationaler Bekanntheit, erblickten doch hier zwei berühmte katalanische **Künstler** das Licht der Welt: der Maler *Marià Fortuny i Carbó* (1838–1874) und der große Architekt des katalanischen Jugendstils, *Antoni Gaudí i Cornet* (1852–1926).

Ein Bummel beginnt an der **Plaça de Prim** mit dem *Teatro Fortuny*. Auffällig ist die Vielzahl der prächtigen Modernisme-Bauten im Zentrum, die an die Blütezeit der Stadt Ende des 19. Jh. erinnern. Besonders beeindruckend ist die Jugendstil-Fassade des 1901 von Lluís Domènech i Montaner geschaffenen Privathauses **Cal Navàs** am Marktplatz.

Einen Besuch lohnt auch die Kirche **Sant Pere** am gleichnamigen Platz, von deren Glockenturm man einen großartigen Blick über die Costa Daurada genießt. Das Gotteshaus wurde im 16. Jh. in gotischem Stil anstelle einer früheren Kirche aus dem 13. Jh. erbaut. Innen offenbart sie sich aber als barock, etwa in der

Gestaltung der *Grabkapelle* für die Grafen von Tamarit.

Auch das **Museu d'Art i Història** (Tel. 977345418, www.reus.net/museus, Di–Sa 10–14 und 17–20, So 11–14 Uhr) an der Plaça de la Llibertat ist sehenswert, nicht zuletzt, weil in seinen Räumen das wertvolle *Messbuch von Reus* (1363) mit herrlichen Miniaturen ausgestellt ist. Daneben werden Keramikarbeiten der Region und Gemälde von Marià Fortuny gezeigt. Des berühmtesten Sohnes der Stadt, Antoni Gaudí, der in Reus keine architektonischen Spuren hinterließ, wird mit Fotos, Zeichnungen und Bauplänen in einem eigenen Saal gedacht.

i Praktische Hinweise

Information

Oficina de Turisme, Plaça del Mercadal 3 (Gaudi Centre), Reus, Tel. 977010670, www.reusturisme.cat. Lohnend sind die kostenlosen Stadtführungen des Fremdenverkehrsamtes (Juni–Sept. Mo–Sa 12 und 19 Uhr).

39 Valls

Heimat der lebenden Pyramiden.

Der nette Ort Valls (23000 Einwohner) am Oberlauf des Ríu Francolí ist meist Durchgangsstation auf dem Weg nach Santes Creus [Nr. 40], lohnt aber durchaus einen

Hoch hinaus wollen die Castellers von Valls – und bauen aufeinander

Besuch. Hier wurden die **Castellers** erfunden, auch *Xiquets de Valls* genannt. Diese Menschenpyramiden sind mehrere Meter hoch: Erst formieren sich einige starke Männer zu einem Kreis, auf ihre Schultern steigt die nächste Riege. Insgesamt kann der sich nach oben zu verjüngende Turm 7–8 Stockwerke hoch aufragen. Auf die Spitze klettern schließlich die Fliegengewichte der Truppe. Nicht nur Akrobatik und Kraft sind hier gefragt, sondern auch Gleichgewichtssinn und ruhige Nerven, denn mit der Höhe des menschlichen Turms wächst auch das Unfallrisiko. Wie die *Sardana* [s. S. 79] gehören die *Castellers* zum Brauchtum der Katalanen und halten an Festtagen die Massen nach wie vor in Atem. Den Akrobaten ist in Valls an der Straße nach Santes Creus sogar ein *Denkmal* gewidmet.

Kunstfreunde sollten die 1605 erbaute **Capella del Roser** (Mo–Sa 11–14 Uhr) in der Fußgängerzone mit ihren wunderschön bemalten Kacheln besichtigen. Diese im 17. Jh. entstandenen *Azulejos* zeigen Szenen einer Seeschlacht.

i Praktische Hinweise

Information

Oficina de Turisme, Carrer de la Cort 61, Valls, Tel./Fax 977612530, www.ajvalls.org

40 Santes Creus Plan Seite 112

Die einstige Hochburg des Zisterzienserordens.

Der Weg zum **Monasterio de Santes Creus** (Tel. 977638329, 16. März–15. Sept. Di–Sa 10–13.30 und 15–19, sonst bis 17.30 Uhr) führt von Tarragona aus in Richtung Els Pallaresos in das hügelige Hinterland. Nach etwa 30 km kann man unterhalb der Straße schließlich die Gebäude des Zisterzienserklosters inmitten eines ruhigen Tales ausmachen.

Geschichte Santes Creus, das *Kloster der Heiligen Kreuze*, wurde 1150 von **Zisterziensermönchen** aus Südfrankreich gegründet und in den folgenden Jahrhunderten prunkvoll ausgebaut. Im 13./14. Jh. diente die Klosterkirche zwei Generationen lang als **Grablege** der Könige von Aragón-Katalonien. 1376–78 wurde der Konvent mit einer zinnenbekrönten Mauer umgeben, wodurch die Anlage bis heute trutzig und festungsartig wirkt. Schon im 13. Jh. ließ Pere III. einen Königspalast anbauen, den Jaume II. im 14. Jh. erweiterte.

Nach der **Säkularisierung** im Jahr 1835 verließen die Mönche Santes Creus, das Marodeure niederbrannten und plünderten. 1843 zogen einige Familien aus der Umgebung in die leer stehenden Wohnhäuser an der *Plaça Major*, dem Hauptplatz des einstigen Klosters, die betagten Mönchen als Altersitze gedient hatten. Daraus entstand das heutige **Dorf** Santes Creus. Eine umfassende Restaurierung des Monasterio wurde um die Mitte des 20. Jh. vorgenommen.

Besichtigung Vor dem Besuch des Klosters sollte man rechts vom Haupteingang die **Multimediaschau** betrachten. Sie bietet eine gute Einführung in die Welt der Zisterzienser.

Die Anlage von Santes Creus besteht aus vier Teilen: Auf zwei Höfe folgt das eigentliche Kloster, an das sich der *Palacio Real*, der Königliche Palast anschließt. Durch ein schlichtes Portal betritt man zunächst den von Wirtschaftsgebäuden gesäumten *Vorhof*. Von hier aus führt die türmchenbekrönte *Puerta de la Asunción*, das Mariä-Himmelfahrts-Tor, zur **Plaça Major** [A]. Die Mitte des lang gestreckten Platzes markiert ein barocker *Springbrunnen*. Umgeben ist er von Wohnhäusern sowie dem ebenfalls barocken *Abtspalast* aus dem 16. Jh., der der Gemeinde Santes Creus seit 1857 als Rathaus dient. Blickfang des Platzes ist das romanische **Hauptportal** [B] in der Westfassade der Klosterkirche (s. u.), die von hier aus aber nicht betreten werden kann. Der Zinnenkranz weist das Gotteshaus als eine Wehrkirche aus. So ist Santes Creus ein Abbild der Welt des Mittelalters mit seinem Nebeneinander von religiösen und weltlichen Funktionen.

Von der Plaça Major aus erhält man über die im Südosten liegende **Puerta Real** [C] Zugang zum eigentlichen **Klosterbezirk**. Die *Königliche Pforte* führt in den direkt an die Kirche grenzenden, prachtvollen gotischen **Kreuzgang** [D], mit dessen Bau 1313 begonnen wurde. Das sechseckige *Brunnenhaus* im Süden des zentralen Orangenhains stammt allerdings von einem Vorgängerbau aus romanischer Zeit. Die umlaufenden Gänge sind mit Säulen verziert. Auch deren **Figurenkapitelle**, 1331–41 geschaffen, stehen noch ganz und gar in der Tradition der Romanik. Mit ihnen setzte sich der englische Baumeister *Reinard des Fonoll* ein Denkmal. »(...) im Kreuzgang bei den

Den Kreuzgang von Santes Creus sollte man in Muße auf sich wirken lassen

lesenden Brüdern, was machen dort jene lächerlichen Monstrositäten, die unglaublich entstellte Schönheit und formvollendete Hässlichkeit?« Diesen Aufschrei des Bernhard von Clairvaux hatte der Engländer wohl überhört, und so können wir uns heute an dem bunten Nebeneinander von biblischen und weltlichen Szenen, dem Gewirr von Pflanzen, Tieren, Menschen und Fabelwesen erfreuen, sehen Narren Dudelsack spielen und einen Affen auf einem Dromedar reiten. Aus der zweiten Hälfte des 13. Jh. stammen schließlich die herrlichen **Maßwerkfüllungen** der Spitzbögen in frühem Flamboyant-Stil.

An der Ostseite des Kreuzgangs liegt der Eingang zum **Kapitelsaal** [E] mit Kreuzrippengewölbe. In seinem Boden sind Grabplatten eingelassen. Hier wurden die Äbte des Klosters bestattet. Eine Treppe führt ins Obergeschoss, in das riesige, schmucklose **Dormitorium** [F], den Schlafsaal der Mönche, dessen Satteldach von elf mächtigen Spitzbögen getragen wird.

Durch ein kleines Sprechzimmer rechts der Treppe gelangt man vom Kapitelsaal zu dem schlichten **zweiten Kreuzgang** [G]. Er wurde im 17. Jh. unter Verwendung älterer Bauteile errichtet. Von dort aus führt der Weg in den profanen Teil des Klosters mit Weinkeller, Küche und Refektorium. Im Südosten des Kreuzgangs geht es über einen kleinen galeriegesäumten Innenhof zu dem eher schlichten **Palacio Real** [H] aus dem 13./14. Jh., den die Könige von Aragón und Katalonien bei ihren Besuchen im Kloster nutzten.

Bereits 1174 wurde ein Neubau der **Klosterkirche** [I] nordwestlich des ersten Kreuzganges in Auftrag gegeben und 1211 geweiht. Dieses Gotteshaus gefällt durch schlichte Erhabenheit, der Innenraum ist weitgehend schmucklos gehalten. Den Grundriss bildet nach *Bernhardinischem Modell* ein lateinisches Kreuz, abgeschlossen von der Chorapsis und ihren vier Seitenkapellen. Ins Auge fallen die beiden prunkvollen gotischen **Grabmäler** [K]: Links vor dem Chor ruht unter einem vielfach durchbrochenen, farbigen Holzbaldachin in einem Sarkophag *Pere el Gran* (ca. 1240–85). Nicht weit davon, rechts vom Chor, fanden *Jaume II. der Gerechte* (1267–1327) und dessen Gemahlin *Blanche von Anjou* (1283–1310) ihre letzte Ruhestätte. Ihr Anfang des 14. Jh. entstandener, kunstvoll durchbrochener Sarkophag trägt zwei Liegefiguren, die das Königspaar darstellen.

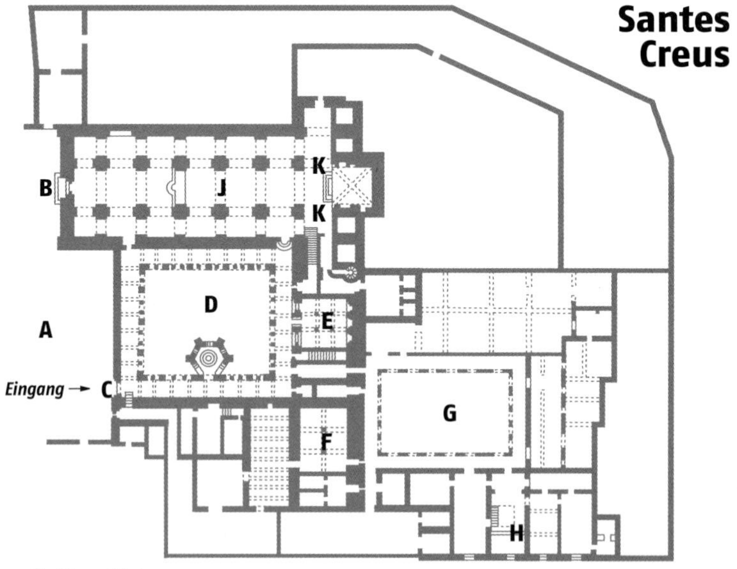

A Plaça Major
B Hauptportal
C Puerta Real
D Kreuzgang
E Kapitelsaal
F Dormitorium
G zweiter Kreuzgang
H Palacio Real
J Klosterkirche
K Grabmäler

Vom Geist des Zisterziensertums

»Die Wände der Kirchen strahlen, und ihre Armen sind in Not. Ihre Steine kleidet sie in Gold und lässt ihre Kinder nackt gehen. (…) Die Kunstgenießer finden dort genug, um ihrem Geschmack zu frönen, die Elenden aber haben nichts zu essen.« So wetterte **Bernhard von Clairvaux** (1090–1153), einer der bedeutendsten Mönche des Zisterzienserordens, 1124. Sein Zorn richtete sich gegen die reichen Klöster, in denen die Ideale des hl. Benedikt, **Ora et labora** – Bete und arbeite, längst in Vergessenheit geraten waren. 1097 gründete **Robert de Molesne** den Reformorden der **Zisterzienser**. Seine Blütezeit erlebte er unter Bernhard von Clairvaux, der dem Orden auch seine Regeln gab. Zurück zum einfachen Leben, hieß das Motto, und damit zurück zu den Idealen des hl. Benedikt.

Das Kloster sollte fortan ein Ort der **Einsamkeit und Stille** sein, wo die Mönche ohne Ablenkungen durch Besucher die nötige Ruhe für Gotteslob, Buße und Kontemplation finden. Den Lebensunterhalt wollte man nicht aus Schenkungen beziehen, sondern durch der eigenen Hände Arbeit erwirtschaften. Roden, säen und ernten sollten die Brüder, um durch harte Arbeit Gott nahe zu kommen. Statt dem Luxus zu frönen, wurde nun Askese zum obersten Prinzip erhoben. Die Schlafräume wurden nicht beheizt, die Kutten waren aus grobem ungefärbtem Wollstoff, weshalb die Zisterzienser auch den Beinamen **weiße Mönche** trugen. Die zwei Mahlzeiten täglich sollten einfach und fettlos sein. Selbst in der **Architektur** wollte man fortan auf überflüssigen Schmuck verzichten. An die Stelle des

Arbeit und Kontemplation waren zwei Eckpfeiler im Leben des hl. Bernhard

üppig geschmückten Chores trat nun ein einfaches Querschiff mit geraden Abschlüssen. Die Kirchtürme sollten keine Bekrönungen mehr erhalten und auch die Verwendung von farbigem Fensterglas war untersagt.

Im Laufe der Jahrhunderte wurden die strengen Ordensregeln immer weiter entschärft. Auch in den Zisterzienserklöstern nahmen nun Laienbrüder den Mönchen die schwere Landarbeit ab. In den Kirchen hielten Vielfalt und Pracht Einzug, symptomatisch war die Einführung des Chorumgangs mit Kapellenkranz. Erst in der Folge der Säkularisierungen des 18./19. Jh. besannen sich die Zisterzienser wieder auf ihre Wurzeln. In Katalonien leben die Mönche und Nonnen von Poblet und Vallbona noch heute nach den Regeln des hl. Bernhard.

41 Montblanc

Spaziergang durchs Mittelalter.

Stolz erhebt sich Montblanc knappe 30 km nördlich von Tarragona aus der Ebene zwischen den Flüssen Francolí und Anguera. Der 1155 als *Vilasalva* gegründete Ort ist in weiten Teilen noch von seiner mittelalterlichen **Stadtmauer** umgeben, die mit ihren drei Toren und 17 Wehrtürmen zu den besterhaltenen in Katalonien zählt. Seine große Zeit erlebte Montblanc im 14. Jh., als es zum *Herzogtum* des Kronprinzen von Aragón erhoben wurde und zu einem Machtzentrum in Katalonien avancierte. Ein Spaziergang durch Montblanc führt geradewegs zurück ins Mittelalter. Die engen Gassen scheinen Geschichte zu atmen, wie beispielsweise die **Carrer dels Jueus**, deren Name daran erinnert, dass es hier einst auch ein *jüdisches Viertel* gab.

Seit mehr als 700 Jahren führt die Brücke von Montblanc über den Río Francolí

Schon von weitem ist der Turm der mächtigen Pfarrkirche **Santa Maria La Major** aus dem 14. Jh. zu sehen. Abgesehen vom barocken Portal aus dem 17. Jh. ist der 1352 begonnene Bau ein Beispiel reinster katalanischer Gotik. Die Ausstattung des einschiffigen Kircheninneren stammt aus unterschiedlichen Epochen: Das reich geschnitzte *Chorgestühl* ist barock. Gotisch sind dagegen der steinerne *Altaraufsatz*, der den beiden Heiligen Bernat und Bernabé geweiht ist, und eine *Statue* der Maria mit dem Jesuskind aus dem 14. Jh.

Stolz ist man in Montblanc auf die kleine einschiffige romanisch-gotische Kirche **Sant Miquel**, weil sich in ihr ab 1289 mehrmals alle drei Jahre die *Corts Catalanes*, die Ständeversammlung von Katalonien, zu ihren Sitzungen trafen.

i Praktische Hinweise

Information

Oficina de Turisme, Antiga església de Sant Francesc s/n, Montblanc, Tel./Fax 977 86 17 33, www.montblancmedieval.org

42 Poblet

Plan Seite 116

Einst eines der mächtigsten Klöster des Abendlandes, noch heute edel und erhaben.

Haselnusssträucher, Mandelbäume und Weinberge säumen den rund 8 km langen Weg von Montblanc nach Poblet. Wie es die Bauregeln der Zisterzienser vorschrieben, liegt das Kloster in einem Flusstal, hier des *Río Francolí*. Die stimmungsvolle Kulisse bildet das *Gebirge von Prades*. Zu den reichen Besitztümern des Klosters gehörten auch ausgedehnte Wälder in der Umgebung, und wahrscheinlich leitet sich der Name Poblet von *Populetum* ab, dem lateinischen Wort für Pappel. Seit 1991 ist das Kloster Weltkulturerbe der UNESCO.

Geschichte Poblet ist ein Zeichen des Triumphes, ein Stein gewordenes Dankesgebet nach dem Sieg über den maurischen Glaubensfeind, den Ramón Berenguer IV., Graf von Barcelona, Mitte des 12. Jh. erfochten hatte. Gegen 1150 ließ er **Santa Maria de Poblet** (Tel. 977 87 00 89 459, www.poblet.cat, nur mit Führung, tgl. 10–12.30 und 15–17.25, So 10.30–12.30 und 15–17.25 Uhr) gründen, und aus dem schlichten Zisterzienserkloster zum Ruhme Gottes wurde im Laufe der Jahrhunderte ein eleganter, prachtvoll ausgestatteter Gebäudekom plex. Seine mächtigen Äbte waren gleichzeitig Berater der spanischen Könige, und dank großzügiger Schenkungen des Hofes entwickelte sich Poblet zu einem der wohlhabendsten Klöster Europas. 1835 bereiteten die Säkularisation und Plünderungen dem Prunk ein vorläufiges Ende, Poblet wurde verlassen und zerfiel. Im 20. Jh. begann man mit der Restaurierung, und seit 1940 leben hier wieder etwa 30 Zisterziensermönche.

Besichtigung Der zwischen dem 12. und 18. Jh. entstandene Klosterkomplex ist von einer 1,5 km langen Wehrmauer umgeben und besteht aus drei ebenfalls ummauerten Bereichen. Durch die *Puerta de Prades* betritt man die äußere Sektion. Sie wurde von **Laienbrüdern** bewohnt, die Werkstätten unterhielten und die ausgedehnten Ländereien versorgten, womit sie die Autarkie des Klosters gewährleisteten. Die **Capilla de San Jordi** zur rechten ist ein Kleinod der Spätgotik. Alfonso V. der Großmütige ließ sie 1452 erbauen und dem katalanischen Schutzheiligen Georg, dem Drachentöter, weihen. Auf diese Zusammenhänge weisen die Reliefs des Portals hin: Eines zeigt einen Drachen und das andere das königliche Wappen. Neben der Kapelle führt die 1492 errichtete **Porta Daurada**, die Goldene Pforte, zur Plaça Major und damit zum zweiten Bereich der Anlage.

Auf der **Plaça Major** [**A**] passiert man die linker Hand liegende romanische *Capilla de Santa Catalina* und die Reste des *Abtpalastes*. Auf den zentralen Platz öffnen sich im Osten zwei Tore: die **Porta Reial** [**B**], das von zwei wuchtigen achteckigen Wehrtürmen flankierte Königsportal des 14. Jh., kontrastiert mit dem rechts davon stehenden, **barocken Portal** von 1669/70, das von Statuen der hll. Bernhard und Benedikt flankiert und von einer Muttergottesfigur bekrönt wird.

Durch die Porta Reial betritt man das eigentliche Kloster. Rechts liegt der unvollendet gebliebene, spätgotische **Palau de Sant Martí** [**C**]. In dem 1397–1406 erbauten Palast werden heute sakrale Kunstgegenstände und Wandteppiche aus dem Besitz des Klosters gezeigt. Geradeaus gelangt man zum **Kreuzgang** [**D**], der im Wesentlichen aus dem 13. Jh. stammt. Das Plätschern des Wassers im sechseckigen *Brunnenhaus* trägt zur meditativen Stimmung bei. Die *Säulenkapitelle* ringsum sind mit Flechtmustern, floralen Motiven und Arabesken verziert.

Dem Brunnenhaus gegenüber liegen Küche und Refektorium, daneben die Wärmestube der Mönche. Wie in Santes

Prächtig, doch ohne Funktion: Kein Weg führt mehr durch das barocke Portal ins Kloster Poblet

Creus schließt auch hier der **Kapitelsaal** [**E**] (18. Jh.) an die Ostseite des Kreuzgangs an. Das Kreuzrippengewölbe des quadratischen Raumes wird von vier Säulen getragen, in den Boden eingelassene Grabsteine erinnern an Äbte von Poblet. Durch das benachbarte *Locutorium*, das Spechzimmer der Novizen, gelangt man zum im 13. Jh. errichteten **Skriptorium** [**F**], das die umfangreiche, aber nicht öffentlich zugängliche *Bibliothek* birgt. Darüber liegt das 87 m lange *Dormitorium*, der Schlafsaal der Mönche.

Höhepunkt der Besichtigung ist die südlich des Kreuzganges gelegene **Klosterkirche** [**G**], 1170 begonnen und im 14. Jh. vollendet. Das Innere des dreischiffigen Baus ist schmucklos gehalten, das Mittelschiff wird von einem kunstvoll gearbeiteten **Tonnengewölbe** überspannt, dessen Bögen leicht spitz zulaufen. Für eine Zisterzienserkirche ungewöhnlich ist der kapellenreiche **Chorumgang**, aber das Gotteshaus war schließlich auch Repräsentationsbau der Krone von Aragón-Katalonien und seit 1340 **Grablege** der Könige. Vor der Apsis sind sie und ihre Gattinen auf Sarkophagen wie schlafend in Stein verewigt. Hier liegen Alfonso II. der Keusche und Jaume I. der Eroberer, Martín der Humane und Pere der Zeremoniöse. Die Herren haben Löwen, Symbole der Königsherrschaft, und Schwerter zu ihren Füßen, die Damen den Hund als Sinnbild der Treue. Die **Grabmäler** [**H**] überstanden die Plünderungen des 19. Jh. nicht unbeschadet, wurden aber ab 1940 von dem Bildhauer Frederic Marès originalgetreu restauriert.

Die monumentale **Hochaltarwand** (1527–29) aus Alabaster ist reinste Renaissance und fügt sich der romanischen Architektur harmonisch ein. Das italienisch inspirierte Meisterwerk von Damià Forment präsentiert sich als viergeschossige reich ornamentierte Architekturkulisse mit Blendarkaden und überhöhter Mittelachse. Unter den Arkaden der 1. und 3. Etage zeigen bewegt komponierte Reliefs Szenen aus dem Leben Christi und Mariens. Die 2. und 4. Zone ist jeweils mit Statuen geschmückt, im Zentrum erscheint die Muttergottes, ihr zu Seiten Heilige und Apostel. Im Zenith ragt eine Ädikula (gerahmte Nische) mit dem Relief der Kreuzigung Christi auf.

Poblet ist einzigartig – ein Kloster voller Reinheit und Schönheit und gleichzeitig ein **Palast**, wie ihn später Felipe II. mit dem *Escorial* in noch viel gewaltigeren Dimensionen verwirklichen sollte.

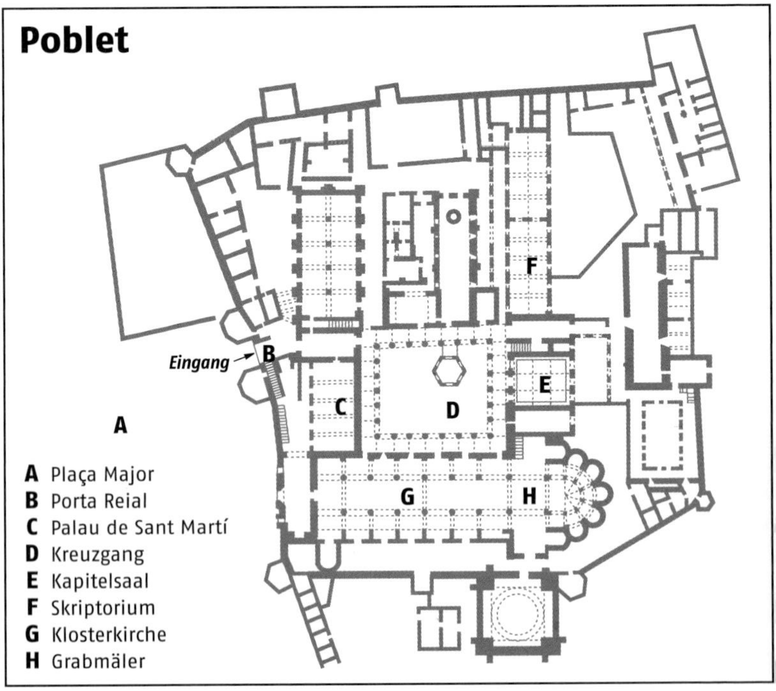

i Praktische Hinweise

Hotel

******Masia del Cadet***, L'Espluga de Francolí, von Montblanc aus 1 km vor dem Kloster, Tel. 977 87 08 69, www.masiadelcadet.com. Familiäres Mittelklassehotel in herrlich pastoraler Landschaft. Zimmer an Wochenenden unbedingt reservieren.

43 Salou

Quirliges Touristenzentrum mit feinem, langem Sandstrand.

Die 20 000 Einwohner zählende Küstenstadt kann auf eine reiche Vergangenheit zurückblicken – auch wenn davon heute nicht mehr viel zu sehen ist. Im 13. Jh. war der von den Phokäern unter dem Namen *Salauris* gegründete **Hafen** einer der bedeutendsten des Landes. 1299 diente er als Ausgangspunkt für die Eroberung Mallorcas durch Jaume I. den Eroberer. Den forschen König ehrten die Stadtväter mit einem *Denkmal*, das die elegante Palmenpromenade Salous ziert.

Dieser **Passeig de les Palmeres** begleitet den kilometerlangen goldfarbenen **Sandstrand** im Osten der Stadt und ist ein Mekka für Inline-Skater und Flanierer. Einige private *Jugendstilvillen* aus der Anfangszeit des hiesigen Fremdenverkehrs schmücken die parallel zur Promenade verlaufende *Calle Jaume I.*, den Rest prägen gesichtslose Bettenburgen. Salou hat sich vollständig dem Massentourismus verschrieben. Der sehr schöne, hellsandige Hauptstrand ist teilweise von Pinien beschattet und im Sommer stark frequentiert. Darüber hinaus bietet der Ort Restaurants, Boutiquen und alle erdenklichen Vergnügungen zu Wasser und zu Lande. Jetski, Tauchen, Surfen, Tennis – den Sportmöglichkeiten sind kaum Grenzen gesetzt.

Hauptattraktion aber ist seit einigen Jahren **Port Aventura** (Tel. 977 77 90 90, www.portaventura.es, April–Sept. tgl. 10–20, Juli/Aug. tgl. bis 24 Uhr). Der 2 km nördlich an der Avinguda Pere Molas gelegene Freizeitpark gehört zu den größten Europas und lädt zu einer Reise durch fünf Welten ein. Man kann sich in mexikanischer, mediterraner, chinesischer und polynesischer Umgebung vergnügen oder eine Westernstadt erkunden. Die Nachbauten der Chinesischen Mauer oder mexikanischer Aztekenpyramiden sind in der Tat beeindruckend. Spaß für die ganze Familie versprechen auch die Wildwasserstrecke *Tutuki Splash* oder die Achterbahn *Dragon Khan*: Im Drachen geht es mit Tempo 110 durch acht Loopings – diese Bahn steht sogar im Guiness-Buch der Rekorde.

Figuren von Heiligen und Kirchenfürsten zeigt die Hochaltarwand von Poblet

i Praktische Hinweise

Information

Oficina de Turisme, Passeig Jaume I. 4 (Xalet Torremar), Salou, Tel. 977 35 01 02, www.visitsalou.es

Hotel

******Estival Centurión Playa**, Av. Diputacio 70, Cambrils, Tel. 977 36 14 50, www.centurionplaya.com. Angenehmes Hotel am Strand zwischen Salou und Cambrils mit Swimmingpools und Gärten.

Die privaten Segeljachten sind im Hafen von Cambrils, einst ein Fischerdörfchen, mittlerweile in der Überzahl

44 Cambrils

Es war einmal ein Fischerdorf …

Im Westen geht der feinsandige Strand von Salou nahtlos in den von Cambrils über. Auch die Reihe der Hotelbauten setzt sich hier fort. Vom Flair des einst ruhigen Dorfes ist wenig geblieben, dennoch geht es in dem **Fischereihafen**, der inzwischen durch einen beachtlichen **Jachthafen** ergänzt wurde, immer noch sehr geschäftig zu. Am 29. Juni, dem Peter-und-Paul-Tag, wird jedes Jahr mit einer Prozession, Musik, Tanz und viel Wein die *Fiesta da Pescadores*, das Fest der Fischer, gefeiert.

Gleich am Hafen liegt die überschaubare Altstadt, überragt von dem wehrhaften, runden **Torre del Port** aus dem 17. Jh., der zum Schutz gegen Piraten errichtet wurde. An der *Plaça de la Iglesia* steht die im 16. Jh. erbaute und im 19. Jh. erweiterte Pfarrkirche **Santa María**. Eine weitere Sehenswürdigkeit ist der urkundlich erstmals 1375 erwähnte Wachturm *Torre de l'Èrmita*, der zur Wallfahrtskirche **Mare de Déu del Camí** aus dem 18. Jh. gehört. Heute sind die beiden Türme Teile des *Museu d'Història Cambrils*.

Praktische Hinweise

Information

Oficina de Turisme, Passeig de les Palmeres 1, Cambrils, Tel. 977 79 23 07, www.cambrils.cat/turisme

Hotel

******Mónica**, Carrer Galcerán Marquet 1, Cambrils, Tel. 977 79 10 00, Fax 977 79 36 78, www.hotelmonica.com. Günstig gelegenes Hotel, 50 m vom Strand, mit schattigem Garten und Pool.

Restaurant

TOP TIPP **Bresca**, Carrer de l´Àncora, 21, Cambrils, Tel. 977 36 95 12., www.bresca restaurant.com. Kleines Restaurant mit großer Kochkunst. Exzellente, aus frischen, regionalen Produkten zubereitete Fisch- und Fleischgerichte. Reservierung empfohlen!

45 L'Ametlla de Mar

Wo kleine Buchten und klares Wasser noch auf Entdeckung warten.

Erst Anfang des 19. Jh. besiedelten Fischer den Hügel am Meer, heute ist die Einwohnerzahl von L'Ametlla de Mar auf 6000 angewachsen. Der reizende Ort liegt etwas abseits der Hauptreiserouten. Er ist zwar touristisch erschlossen, vom großen Rummel aber verschont geblieben. So hat sich hier tatsächlich noch die romantisch-raue Atmosphäre eines Fischerdorfes erhalten. *La Cala*, ›kleine Bucht‹, nennen die Einheimischen ihre Siedlung, ein Hinweis auf den natürlichen **Hafen**, der den Seeleuten seit jeher Zuflucht bot. Schön ist es, am Spätnachmittag die Einfahrt der Fischerboote zu beobachten und den Transport des Fangs zur benachbarten Versteigerungshalle mitzuverfolgen.

Die Strände in diesem südlichen Teil der Costa Daurada haben etwas gröberen Sand als die weiter nördlich. Die langen Küstenstreifen weichen hier zahlreichen kleinen **Buchten**, die von Pinien und Olivenbäumen eingefasst werden. Gleich am Ortsrand von L'Ametlla de Mar liegen mit **El Forn** und **Sant Roc** zwei der bekanntesten.

i Praktische Hinweise

Information

Oficina de Turisme, Av. Amistat s/n, L'Ametlla de Mar, Tel. 977 45 64 77, www.ametllademar.cat

Die außenliegenden Stützpfeiler ermöglichen ein hohes, ausladendes Gewölbe im Inneren der Kathedrale von Tortosa

46 Tortosa

Stolze, reiche Stadt am Ebro.

Tortosa (31 000 Einw.) ist die größte Stadt am Unterlauf des Ebro und breitet sich zu beiden Seiten des Flusses aus. Es profitierte wirtschaftlich schon in römischer Zeit von seiner günstigen Lage an wichtigen Verkehrsstraßen und der Fruchtbarkeit des Ebro-Tals. Noch heute ist Tortosa Mittelpunkt eines landwirtschaftlich intensiv genutzten Gebiets und eine lebendige Handelsstadt.

Geschichte Tortosas Wurzeln sind iberisch. Unter den Römern erlangte die Siedlung im 2. Jh. v. Chr. erstmals eine gewisse Größe und Bedeutung, Kaiser Augustus erhob sie als *Julia Augusta Dertosa* in den Stand einer Kolonie. 712 wurde Tortosa von den **Arabern** erobert, deren Herrschaft Stadt und Region prägte. Dank ausgeklügelter Bewässerungssysteme verwandelten die Mauren das Ebro-Tal in einen blühenden Garten. Nach dem Zerfall des Kalifats von Cordoba wurde Tortosa 1035 Sitz eines eigenständigen maurischen Reiches (*Taifa*).

1148 ›befreite‹ der christliche Ramón Berenguer IV., Graf von Barcelona, die Stadt und stellte sie zunächst unter den Schutz der *Templerritter*. Im späten 13. Jh. wurde Tortosa der Spanischen Krone überantwortet und die auf arabische

Ursprünge zurückgehende Burg zur **königlichen Residenz** ausgebaut. Einer wirtschaftlichen Blüte folgte im 16./17. Jh. der Niedergang, nachdem die Spanische Krone Juden und Morisken (bekehrte Mauren) aus Spanien vertrieben hatte. Wirtschaftskraft und Geistesleben Tortosas erlitten einen herben Rückschlag, denn Handel, Landwirtschaft und Lehre waren in weiten Teilen von diesen Bevölkerungsgruppen getragen worden.

Im **Spanischen Bürgerkrieg** war der Ebro heiß umkämpft. Am 24. Juli 1938 wurden hier die republikanischen Truppen in der entscheidenden Schlacht von den Faschisten besiegt. 150 000 Menschen hatten ihr Leben lassen müssen, und auch der Stadt waren schwere Wunden geschlagen worden.

Besichtigung Das **Castell de la Zuda**, benannt nach seinem 40 m tiefen Brunnen *(Zuda* – arab. Schacht), thront hoch über der Altstadt. Es wurde im 10. Jh. unter Abd al-Rahman III., Kalif von Cordoba, auf den Resten einer frühchristlichen Burg errichtet und im 13. Jh. zur *Residenz der spanischen Könige* ausgebaut. Seit Ende der 1970er-Jahre ist in der Burg ein Hotel der spanischen Kette **Parador** untergebracht, die Gäste genießen den herrlichen **Blick** über die Altstadt und die fruchtbare Gartenlandschaft entlang des Ebro.

Durch das Gewirr der Altstadtgassen führt der Weg zur **Catedral de Santa María**. Trotz der im 18. Jh. hinzugefügten barocken Fassade wirkt der im 14./15. Jh. entstandene Bau von außen dunkel und vernachlässigt. **Innen** aber präsentiert sich die Kirche hell und luftig. Das *Sterngewölbe* mutet zart und leicht an, nicht umsonst gilt die Kathedrale als eines der schönsten Beispiele katalanischer Gotik. Der wunderschöne, zweiflügelige **Hauptaltar** entstand 1351 und zeigt in 24 Szenen Begebenheiten aus dem Leben Christi und Mariens. Auch der *Altaraufsatz* aus dem 15. Jh. ist ein prächtiges Beispiel gotischer Sakralkunst. Eleganz zeichnet den doppelten *Chorumgang* dahinter aus. Auch die beiden reliefverzierten *Steinkanzeln* vom Ende des 15. Jh. sind sehenswert.

Jenseits des Kathedralplatzes erhebt sich mit dem im 14. Jh. erbauten **Palacio Episcopal**, dem Erzbischöflichen Palast,

Das Castell de la Zuda überragt die malerisch verschachtelten Häuser der Altstadt

ein Juwel gotischer Architektur. Nur der Innenhof ist öffentlich zugänglich. Von hier führt eine Freitreppe in den 1. Stock mit seiner eleganten Arkadengalerie.

Durch die verwinkelten Gassen des ehem. jüdischen Viertels gelangt man von der Kathedrale aus zum **Reials Col. legis de Tortosa**, das Kaiser Karl V. 1546 für die Erziehung getaufter Mauren (Morisken) gründete. Die eher schlichte Fassade schmückt über dem Portal ein gemeißelter Habsburger Doppeladler. Mit seinem dreistöckigen, arkadenumgebenen Innenhof gehört das auch *Colegio de San Luìs Gonzaga* genannte Haus zu den wenigen Renaissancebauwerken von Rang in Katalonien und birgt heute, nachdem es zeitweilig Sitz der Universität war, das *Historische Archiv* der Region.

Geht man zurück zum Fluss, fällt das **Mahnmal** ins Auge, das General Franco für die Opfer der Schlacht am Ebro 1938 errichten ließ. Ein Bummel südwärts entlang des Flusses führt vorbei an der gewaltigen **Markthalle**, einem Prachtbau des Modernisme. Die 1885 entstandene Eisenkonstruktion scheint zu groß geraten für Tortosa, gibt aber einen Hinweis auf die Bedeutung der Stadt als Agrarhandelszentrum. Dasselbe gilt für die aus der mittelalterlichen Blütezeit stammende **Llotja** (14. Jh.), die gotische *Börse* im Park. In der nach drei Seiten hin offenen Halle mit dem markanten Satteldach wurde lange Zeit der Preis für das Getreide aus der gesamten Region festgelegt.

Miravet

Flussaufwärts führt der Weg durch das üppig grüne Tal des Ebro mit seiner fruchtbaren **Gartenlandschaft**. Hier werden vor allem Gemüse und Zitrusfrüchte angebaut. Der kleine Ort Miravet liegt, 30 km von Tortosa entfernt, malerisch am Westufer des Ebro und ist als Zentrum der *Töpferei* bekannt. Ein Fährboot bringt Besucher von der Anlegestelle im Osten auf die gegenüberliegende Flussseite in den kleinen Ort, der von einer alten TOP TIPP **Templerburg** überragt wird. Sie erinnert an die Zeit nach der *Reconquista*, als der Ritterorden für zwei Jahrhunderte die Region beherrschte. Von oben genießt man einen herrlichen, weiten Blick über das Tal.

i Praktische Hinweise

Information

Oficina de Turisme, Pujada Castell de la Suda 1, Tortosa, Tel. 977 44 20 05, www.tortosaturisme.cat

Hotel

TOP TIPP ******Parador de Tortosa**, Castell de la Zuda, Tortosa, Tel. 977 44 44 50, Fax 977 44 44 58, www.parador.es. Stimmungsvolles Luxushotel in der alten Burg hoch über der Stadt. Vom Vorplatz des restaurierten Gemäuers bietet sich ein grandioser Blick über das Ebro-Tal. Auch das hauseigene Restaurant mit typischen Gerichten der Region ist unbedingt einen Besuch wert.

47 Ebro-Delta

TOP TIPP *Landschaft der Lagunen, Kanäle und Reisfelder mit vogel- und fischreichem Naturpark.*

Das Delta des Ebro verzweigt sich in zahlreiche Wasserläufe und Seen. Es ist die ausgedehnteste *Feuchtzone* Katalo-

Weite Wasserflächen und fruchtbare Reisfelder kennzeichnen das Ebro-Delta

niens und mit seinen insgesamt 320 km^2 nach der französischen Camargue das bedeutendste *aquatische Ökosystem* des westlichen Mittelmeeres. Zu seinem Schutz wurde 1983 der zentral im Delta gelegene **Parc Natural Delta de l'Ebre** ausgewiesen.

Der **Ebro** entspringt 927 km nördlich in der *Cordillera Cantabrica* und ist der mächtigste Fluss der iberischen Halbinsel. Das Delta, wie wir es kennen, entstand im Laufe der letzten 2000 Jahre. Anschwemmungen des Flusses vergrößerten das Delta ständig. In römischer Zeit war beispielsweise das heute 25 km flussaufwärts gelegene *Amposta* noch Seehafen. Aufzeichnungen arabischer Geografen belegen, dass es sich im 12. Jh. bereits einige Kilometer ins Meer vorgeschoben hatte. Strömungen und Winde taten ein übriges, und so entstand eine **einzigartige Landschaft** mit Lagunen, Sandbänken, Marsch- und Sumpfgebieten. Der Prozess kam vor einigen Jahren durch den Bau von *Stauseen* und *Wasserreservoirs* im oberen Lauf des Flusses zum Stillstand, sodass der Ebro heute weit weniger Wasser und Schwemmmaterial mit sich führt als früher.

Wer nun eine gänzlich menschenleere Region erwartet, wird enttäuscht. Dem Gedanken des Naturschutzes stehen wirtschaftliche Interessen entgegen, denn das Schwemmland ist äußerst fruchtbar. Bereits im 17. Jh. hatte es erste Versuche gegeben, im Delta Reis zu pflanzen. Im 18./19. Jh. verbesserten sich die Anbaumöglichkeiten durch Ent- und Bewässerungskanäle. Die **Besiedlung** des Deltas hielt sich jedoch bis ins frühe 20. Jh. in Grenzen. Grund dafür war die *Malaria*, die bis 1918 jährlich rund 3000 Todesopfer forderte. Die Krankheit wird durch Sumpfmücken übertragen. Seit man diese erfolgreich bekämpft hat, ist die Bevölkerung stetig auf derzeit etwa 50 000 Menschen gewachsen. Sie leben meist in Dörfern wie **La Cava**, das im Zentrum des Deltas liegt. Ringsum wird auf ausgedehnten Feldern intensiv **Landwirtschaft** betrieben – Gemüse- und Obstanbauzonen wechseln mit **Reisfeldern**, auf denen Rundkornreis vor allem für den heimischen Markt wächst.

Auch die **Fischerei** im Ebro-Delta ist einträglich, die Artenvielfalt enorm. Kein Wunder bei Wasserflächen mit sehr unterschiedlichem *Salzgehalt*. Zwischen reinen Salz- bzw. Süßwasserseen kommen Mischungen in allen Verhältnissen vor. Flussaal, Wolfsbarsch und Goldbrasse gehören zu den Spezialitäten, aber auch Meeresbewohner wie Langusten, Austern, Meerdatteln, Schwert- und Venusmuscheln.

Für den Schutz und Erhalt dieser ungewöhnlichen Fauna und Flora wurde 1983 ein 7736 ha großes Gebiet des Deltas als **Parc Natural** ausgewiesen. In seinem Küstenbereich finden sich schilfgerahmte Lagunen, Brackwassertümpel, Landflächen mit salzhaltigem Boden und lange, wunderschöne Sandstrände mit mächtigen Dünen.

Berühmteste Vertreter der **Tierwelt** waren früher die *Blutegel* aus dem Ebro-Delta, die zu Hunderttausenden gefangen und für medizinische Zwecke in alle Welt verschickt wurden. Ihr Verschwinden wird jedoch kaum bedauert, zumal hier nach wie vor zahlreiche weitere wirbellose Tiere und Insekten beheimatet sind. Hat auch der einstige *Wildreichtum* mit der zunehmenden Besiedlung abgenommen, so kommt doch dem Ebro-Delta als **Vogelschutzgebiet** immer noch allergrößte Bedeutung zu, als Brutgebiet oder Station für Zugvögel ist es unersetzlich. Fast 300 verschiedene Vogelarten wurden hier gezählt, jede mit 50 000–100 000 Exemplaren vertreten!

Deltebre

Das Städtchen Deltebre ist neben dem weiter flussaufwärts gelegenen *Amposta* der zweitgrößte Ort im Ebro-Delta und Ausgangspunkt für den Besuch des nahen Naturparks. Das hiesige Informationszentrum **Informació del Parc Natural Delta de L'Ebre** (s. u.) hält Broschüren bereit und weist auf die je nach Jahres- und Tageszeit gerade sehenswertesten Abschnitte des Parks hin. Im angegliederten **Ecomuseu** (Di–So 10–13 Uhr), einem umgebauten Bauernhof, kann man *Modelle* der Delta-Landschaften studieren. Einen ersten Eindruck von der Tierwelt vermittelt ein kombiniertes *Aquarium-Terrarium*.

Am Flusshafen von Deltebre werden zwei- bis dreistündige **Bootsausflüge** zur Mündung des Deltas angeboten. Schifft man sich zu einer solchen Fahrt im ca. 5 km flussabwärts gelegenen Dorf *Riumar* ein, dauert sie nur etwa 45 Minuten. In jedem Fall ist der Ausflug zu Wasser empfehlenswert und besonders schön gegen Abend, wenn man ins Delta heimkehrende Vogelschwärme beobachten kann.

Laguna Escanyissada

In Deltebre setzen drei **Autofähren** zum rechtsseitigen Mündungsgebiet des Ebro über. Diese bieten sich an, wenn man eine Fahrt zur Laguna Escanyissada plant. Dort laden ein Restaurant (s. u.) sowie die **Casa de Fusta** (Tel. 977 26 10 22, Mo–Sa 10–14 und 15–19, So 10–14 Uhr) mit *Vogelmuseum* und *Tierwarte* zum Verweilen ein. Man kann sich vor Ort auch ein Fahrrad ausleihen und so den Park und seine gefiederten Bewohner in aller Ruhe erkunden.

i Praktische Hinweise

Information

Oficina del Parc Natural Delta de l'Ebre, Avenida Catalunya 46, Deltebre, Tel. 977 48 21 81, www.gencat.cat/parcs

Informació del Parc Natural Delta de l'Ebre/Oficina de Turisme, Martì Buera 22, Deltebre, Tel. 977 48 96 79, www.turismedeltebre.com.

Restaurant

L'Estany – Casa de Fusta, bei der Laguna Encanyissada, Tel. 977 26 10 26, www.restaurantestany.com. Hier werden Spezialitäten des Ebro-Deltas serviert, wie *Arrós negre*, schwarzer Reis mit Tintenfisch. Gut besucht am Wochenende.

Bescheiden sind die Häuschen der meisten Fischer und Bauern im Ebro-Delta

Costa Brava und Costa Daurada aktuell A bis Z

Vor Reiseantritt

ADAC Info-Service:
Tel. 0800/5101112 (gebührenfrei)

Unter dieser Telefonnummer oder bei den ADAC Geschäftsstellen können ADAC Mitglieder kostenloses Informations- und Kartenmaterial anfordern. Zudem im Handel erhältich: die ADAC Reiseführer *Barcelona* und *Spanien*.

ADAC im Internet:
www.adac.de
www.adac.de/reisefuehrer

Costa Brava und Costa Daurada im Internet:
www.spain.info
www.gencat.cat
www.costabrava.org
www.costadaurada.org

Spanisches Fremdenverkehrsamt
Deutschland
Litzenburgerstr. 99; 10707 Berlin, Tel. 030/8826543, Fax Tel. 030/8826661, www.spain.info
berlin@tourspain.es

Grafenberger Allee 100 (Kutscherhaus), 40237 Düsseldorf, Tel. 0211/6803981, Fax 0211/6803985, dusseldorf@tourspain.es

Myliusstraße 14, 60323 Frankfurt/Main, Tel. 069/725038, Fax 069/725033, frankfurt@tourspain.es

Schubertstr. 10, 80336 München, Tel. 089/5307460, Fax 089/53074620, munich@tourspain.es

Österreich
Walfischgasse 8, 1010 Wien, Tel. 01/5129580, Fax 01/5129581, viena@tourspain.es
www.spain.info/at

Schweiz
Seefeldstraße 19, 8008 Zürich, Tel. 044/2536050, Fax 044/2526204, zurich@tourspain.es
www.spain.info/ch

Allgemeine Informationen

Reisedokumente

Für Reisende aus Deutschland, Österreich und der Schweiz genügt ein gültiger Personalausweis oder Reisepass, Kinder bis zu 16 Jahren benötigen einen Kinderreisepass.

Kfz-Papiere

Führerschein und Zulassungsbescheinigung Teil 1 (vormals Fahrzeugschein). Bei Unfällen wird die Internationale Grüne Versicherungskarte verlangt. Es empfiehlt sich, eine Kurzkasko- und Insassenunfallversicherung abzuschließen.

Krankenversicherung

Seit dem 1. Januar 2006 ist die Europäische Krankenversicherungskarte in die übliche Versicherungskarte integriert. Sie wird in ganz EU-Europa anerkannt und garantiert die medizinische Versorgung. Sicherheitshalber empfiehlt sich jedoch der Abschluss einer zusätzlichen Reisekranken- und Rückholversicherung.

Hund und Katze

Der EU-Heimtierausweis muss mitgeführt werden. Für die Tiere, die nach dem 3. Juli 2011 zum ersten Mal gekennzeichnet wurden, ist der Mikrochip Pflicht. Eine gültige Tollwutimpfung (21 Tage vor Grenzübertritt) muss eingetragen sein.

Zollbestimmungen

Innerhalb der EU dürfen Waren zum eigenen Verbrauch unbegrenzt mitgeführt werden. Zur Abgrenzung von privater und gewerblicher Verwendung gelten folgende Richtmengen: 800 Zigaretten, 400 Zigarillos, 200 Zigarren, 1 kg Rauchtabak, 10 l Spirituosen, 20 l Zwischenerzeugnisse, 90 l Wein (davon max. 60 l Schaumwein) und 110 l Bier.

Für Reisende aus **Nicht-EU-Ländern** (Schweiz) gelten folgende Obergrenzen: 200 Zigaretten, 1 l Spirituosen über 22 % alc. oder 2 l unter 22 % alc., 50 ml Parfüm, 250 ml Eau de Toilette und 500 g Kaffee.

Geld

Die gängigen *Kreditkarten* werden in Banken, Hotels und vielen Geschäften akzeptiert. An zahlreichen *EC-Geldautomaten* kann man rund um die Uhr Geld abheben. Auch mit der *Postbank SparCard 3000 plus* erhält man an VISA-PLUS-Automaten rund um die Uhr Geld.

Tourismusämter im Land

Das katalanische Fremdenverkehrsamt unterhält selbst in kleineren Orten Niederlassungen, *Patronat* bzw. *Patronato* genannt. Lokale Informationsbüros tragen die Bezeichnung *Turisme* oder *Oficina de Turisme*. Manchmal sind sie auch dem örtlichen Rathaus, *Ajuntament*, angegliedert (s. **Praktische Hinweise**).

Die Informationsstellen halten in der Regel umfangreiches Broschürenmaterial bereit und geben Auskunft zu allen touristisch relevanten Fragen, Festterminen und aktuellen Veranstaltungen. Mitunter helfen die Mitarbeiter auch bei der Reservierung von Unterkünften.

Turisme de Catalunya, Passeig de Gràcia 107 (Palau Robert), 08008 Barcelona, Tel. 932388091, Fax 932384010, www.catalunya.com

Notrufnummern

Einheitlicher Notruf: Tel. 112 (EU-weit, auch mobil: Polizei, Unfallrettung, Feuerwehr)

Ärztlicher Notruf: Tel. 061

Pannenhilfe des RACE (Reial Automóvil Club de España): Tel. 915 93 33 33, Hilfe ist kostenpflichtig.

Abschleppdienst (Assistencía Catalana): Tel. 933 54 79 99

ADAC Notrufstation Barcelona: Tel. 935 08 28 28 (ganzjährig)

ADAC Notrufzentrale München: Tel. 00 49/89/22 22 22 (rund um die Uhr)

ADAC Ambulanzdienst München: Tel. 00 49/89/76 76 76 (rund um die Uhr)

Österreichischer Automobil Motorrad und Touring Club
ÖAMTC Schutzbrief Nothilfe: Tel. 00 43/(0)1/251 20 00

Touring Club Schweiz
TCS Zentrale Hilfsstelle: Tel. 00 41/(0)2 24 17 22 20

Ein polizeiliches Protokoll ist für die Schadensregulierung bei Unfällen notwendig und unerlässlich bei **Personenschäden**. Wer kein Spanisch spricht, sollte auf einen Dolmetscher bestehen und sich mit seinem Konsulat in Verbindung setzen.

Ärztliche Versorgung

In allen Ferienorten gibt es **Arztzentren** und Stationen des spanischen Roten Kreuzes (Cruz Roja), www.cruzroja.es

Diplomatische Vertretungen

Deutsches Generalkonsulat, Passeig de Gràcia 111 (Metro: Diagonal), Barcelona, Tel. 932 92 10 00, Fax 932 92 10 02, www.barcelona.diplo.de

Österreichisches Honorargeneralkonsulat, Carrer de Marià Cubí 7 (Metro: Gràcia), Barcelona, Tel. 933 68 60 03, Fax 934 15 16 25 info@consuldodeaustrai.com

Schweizer Generalkonsulat, Gran Via de Carlos III. 94 (Metro: Maria Cristina), Barcelona, Tel. 934 09 06 50, Fax 934 90 65 98, www.eda.admin.ch/barcelona

Besondere Verkehrsbestimmungen

Tempolimits (in km/h): Für Pkw, Motorräder und Wohnmobile bis 3,5 t gilt innerorts 50. Für Pkw und Motorräder gilt außerorts 90, auf Straßen mit mehr als einer Autofahrspur in jeder Richtung und auf Schnellstraßen 100, auf Autobahnen 120. Für Pkw mit Anhänger gilt außerorts 70, auf Schnellstraßen und Autobahnen 80. Wohnmobile bis 3,5 t dürfen außerorts max. 80 fahren, auf Schnellstraßen 90 und auf Autobahnen 100.

Die **Promillegrenze** liegt bei 0,5 (0,3 bei Führerscheinbesitz unter zwei Jahren).

Überholverbot besteht 100 m vor Kuppen sowie auf Sraßen, die nicht auf mindestens 200 m zu überblicken sind. Abschleppen durch Privatfahrzeuge ist verboten. Gelbe Linien (zick-zack oder unterbrochene) am Fahrbahnrand bedeuten Parkverbot. An blauen Markierungen ist das Parken zeitlich begrenzt, Beschilderung beachten! Die Benutzung von Autobahnen ist mautpflichtig.

Das Tragen einer reflektierenden **Warnweste** beim Verlassen des Fahrzeuges im

Falle einer Panne oder eines Unfalls außerhalb geschlossener Ortschaften ist vorgeschrieben. Aus Sicherheitsgründen und zur Vermeidung von Bußgeldern sollte sie stets griffbereit sein.

Telefonieren mit Freisprecheinrichtung während der Fahrt ist erlaubt, die Verwendung von Head-Sets und Ähnlichem hingegen verboten.

Besondere Verkehrsschilder: Alto = Halt; Atencion, Cuidado = Achtung, Vorsicht; Viraje peligroso = gefährliche Kurve; Ceda al paso = Vorfahrt beachten; Paso prohibido = Durchfahrt verboten; Prohibido aparcar = Parkverbot; Llevar la derecha (izquierda) = rechts (links) fahren.

Anreise

Auto

Zwei Tage dauert die Anreise mit dem Wagen aus Mitteleuropa. Für die Fahrt von Frankreich ans Mittelmeer empfiehlt sich die gebührenpflichtige Autobahn A7. Die Autobahn A2 verbindet Barcelona mit dem spanischen Landesinneren.

Bahn

Auskunft der Spanischen Eisenbahnen RENFE: Tel. 902 24 02 02, www.renfe.es

Tägliche Fernverbindungen von München über Zürich, Avignon, Narbonne nach Barcelona und von Saarbrücken über Metz, Strasbourg, Avignon, Narbonne nach Barcelona. Die modernen Schlafwagenzüge *Elipsos Trenhotel* fahren Mo, Mi und Fr von Zürich über Genf nach Barcelona.

Bus

Die Deutsche Touring GmbH fährt wöchentlich von mehreren österreichischen und deutschen Städten aus an die Costa Brava und die Costa Daurada. Die Fahrzeit nach Barcelona beträgt je nach Abfahrtsort 28–40 Std.

Deutsche Touring GmbH,
Am Römerhof 17, 60486 Frankfurt,
Tel. 069/790 35 01, www.touring.de

Die meisten internationalen Busse halten in Barcelona am Busbahnhof **Estacio d'Autobusos de Sants** (Metro: Sants-Estació), Tel. 934 90 40 00. Der Busbahnhof **Estacio d'Autobusos de Barcelona Nord**, Calle Ali Bei 80, Barcelona, Tel. 902 26 06 06, www.barcelonanord.com, nimmt die meisten innerspanischen Linien und einige internationale Busunternehmen auf.

Flugzeug

Spaniens staatliche Fluggesellschaft IBERIA, die Lufthansa und Airberlin fliegen täglich von mehreren deutschen Flughäfen nach Barcelona. Ryanair fliegt täglich nach Reus und Girona (ab Bremen, Frankfurt/Hahn, Karlsruhe/Baden, Weeze/Niederrhein).

Aeropuerto Internacional de Barcelona El Prat de Llobregat (12 km südlich von Barcelona): Tel. 932 98 38 38.

Bank, Post, Telefon

Bank

In der Regel öffnen Banken (*Bancos*) Mo–Fr 8.30/9–13.30/14 Uhr, manchmal auch bis 17 Uhr. Geldautomaten sind rund um die Uhr in Betrieb.

Post

Postämter (*Correos*) sind üblicherweise Mo–Fr 9–13 und 16–18, Sa 9–13 Uhr geöffnet. Briefkästen sind gelb lackiert mit einem roten Posthorn.

Telefon

Internationale Vorwahlen

Spanien 00 34
Deutschland 00 49
Österreich 00 43
Schweiz 00 41

In Spanien sind die Ortsvorwahlen fester Bestandteil der Rufnummern und müssen immer mitgewählt werden.

Von den meisten **Telefonzellen** (*Cabina telefónica*) kann man mit Telefonkarte, Kreditkarte oder Münzen telefonieren. **Telefonkarten** (*Tarjeta prepago*) kauft man in autorisierten Geschäften.

In ganz Spanien können handelsübliche **GSM-Mobiltelefone** aller deutschen Anbieter benutzt werden.

Einkaufen

Die Geschäfte sind meist Mo–Sa 9.30/10–13.30/14 und 16–20 Uhr geöffnet. Die Ladenschlusszeiten sind in Spanien nicht gesetzlich geregelt und können saisonal voneinander abweichen. Kaufhäuser und

Einkaufszentren haben in der Regel durchgehend Mo–Sa 10–21 Uhr geöffnet, viele auch sonntags bei allerdings kürzeren Öffnungszeiten.

Die touristischen Zentren an der Costa Brava bzw. Costa Daurada bieten ein großes Warenangebot auf unterschiedlichstem Niveau – auch was die Preise betrifft. **Keramik** ist nach wie vor ein beliebtes Souvenir, ebenso beliebt sind die praktischen *Alpargatas*, leichte Stoffschuhe mit Sohlen aus geflochtenen Hanfsträngen.

Barcelona bietet eine überwältigende Vielfalt an ausgezeichneten, doch nicht immer preiswerten Einkaufsmöglichkeiten. Als relativ günstig gelten vor allem Schuhe, Textilien und Lederwaren. Dicht reihen sich die **Schuhgeschäfte** im Portal d'Angel und in der Rambla de Catalunya aneinander, zwischen den Plätzen Universitat und Catalunya. Im Barri Gòtic findet man viele **Keramikläden**, **Kunsthandwerk** kauft man am besten in der Carrer Petritxol. Elegante **Mode-**, **Designer- und Schmuckgeschäfte** konzentrieren sich im Eixample, etwa am Passeig de Gràcia. Gute Einkaufsadressen und renommierte Designergeschäfte gibt es auch an der großen Straße Diagonal. Auf den Rambles und in ihren Seitenstraßen sind **Souvenir- und Lederwarengeschäfte** angesiedelt. Liebhaber von **Antiquitäten** kommen in der Altstadt auf dem Bulevard dels Antiquaris, Passeig de Gràcia 55–57, auf ihre Kosten. Eine der bestsortierten **Buchhandlungen** ist *Crisol* an der Consell de Cent 341 und Rambla de Catalunya 81. *Happy Books*, Passeig de Gràcia 77, ist ebenfalls zu empfehlen und bietet zudem ein hübsches Café im Innenhof.

Lohnend ist in Barcelona ein Bummel über den Trödelmarkt *Les Encants* an der Plaça Las Glòries Catalanes (Mo, Mi, Fr und Sa jeweils 8–19 Uhr).

In vielen Orten an der Costa Brava und der Costa Daurada finden **Wochenmärkte** statt, auf denen hauptsächlich Lebensmittel und regionale Produkte verkauft werden. Nachfolgend eine Auswahl:

Montags in Blanes und Cadaqués, **dienstags** in Lloret de Mar und Palamós, **donnerstags** in L'Estartit und Tossa de Mar, **freitags** in Platja d'Aro und El Port de la Selva, **samstags** in Girona und **sonntags** in L'Escala, Roses und Sant Feliu de Guixols.

Essen und Trinken

Zum **Frühstück** (katal. *Esmorcar*, span. *Desayuno*) reicht den Katalanen in der Regel ein Kaffee mit einem Croissant, einem Gebäckstück oder mit einer Scheibe Weißbrot, die mit Olivenöl beträufelt und mit Tomate eingerieben wird (*Pa amb tomaquet*).

Am späten Vormittag ist es dann Zeit für einen Imbiss mit Käse, Wurst, einer *Tortilla* (spanisches Kartoffelomelette), Sandwiches oder *Tapas*, kleine köstliche Appetithäppchen. Letztere können übrigens zu jeder Stunde des Tages gegessen werden.

Kunst und Kitsch – auf dem Trödelmarkt von Barcelona kann man (fast) alles kaufen

Gegensätzliche Gaumenfreuden

Die katalanische Küche präsentiert sich einfach und ausgewogen, fantasievoll und innovativ zugleich und ist doch ihrer Quintessenz treu geblieben, wie sie in einer Volksmelodie zur **Sardana L'Empordà** besungen wird, die von der Vermählung der Meerjungfrau (Meer) mit dem Hirten (Berge) erzählt. Die katalanische Regionalküche zeichnet sich durch diese attraktive Verbindung von landwirtschaftlichen Erzeugnissen und den Früchten des Meeres aus. Typisch für die traditionellen Gerichte ist der Geschmackskontrast **süß-salzig** .

Dem Urteil so manchen fach- und sachkundigen Gourmets zufolge, findet diese kulinarische Umsetzung in der Provinz **Alt-Empordà** um Figueres zu ihrer Vollendung. Hoch- und Mittelgebirge, Küstenniederungen und der Zugang zum Mittelmeer, dazu günstige klimatische Bedingungen formen, wie es der Schriftsteller Josep Pla einmal ausgedrückt haben soll, eine »Landschaft im Topf«, deren Vielfalt und Kontrastreichtum nur schwer zu übertreffen ist. Die Pyrenäen liefern das Fleisch von Kaninchen, Lamm, Rebhühnern, Schweinen, Wild und Ziegen, in mittleren Gebirgslagen gedeihen Kräuter. Das für viele Gerichte unverzichtbare Gemüse und Obst wächst in den Küstenregionen und das Mittelmeer steuert Fisch und Meeresfrüchte bei.

Gutes Essen ist den Katalanen wichtig. Die Köche bemühen sich, alle Komponenten harmonisch zusammenzuführen und aus dem Kochen eine Kunst zu machen. Für die Zubereitung unverzichtbar sind dabei Soßen wie **Allioli**, eine Mischung aus Knoblauch und Olivenöl, oder **Romesco**, in der sich Olivenöl, zerstoßene Peperoni, Mandeln und Knoblauch vereinen. Die **Picada** variiert letztere unter Zusatz von Petersilie und geröstetem Brot. **Sofregit** schließlich besteht aus angedünsteten Zwiebeln, Tomaten und Knoblauch.

Scheinbar gegensätzliche Zutaten rufen oft zunächst Staunen hervor, beim Essen aber mündet anfängliche Skepsis ebenso häufig in Begeisterung. Besondere kulinarische Erlebnisse bieten etwa **Elagost amb pollastre**, Langusten mit Huhn, oder **Peuada**, Schweinspfoten mit Eiern und Zucker.

Das **Mittagessen** (*Dinar, Almuerzo*) wird ab etwa 14 Uhr eingenommen, am späten Nachmittag folgt eine kleinere Stärkung. Mit dem **Abendessen** (*Sopa, Cena*), der ausgiebigsten Mahlzeit des Tages, beginnt man meist nicht vor 20.30 Uhr.

Getränke

Kaffee gibt es in drei Varianten: Espresso *(Café solo)*, Kaffee mit etwas Milch *(Cortat)* und Milchkaffee *(Amb llet)*.

Zum Essen wird **Wein** *(Vi)* und **Mineralwasser** (*Acua*) getrunken. **Bier** *(Cerveja)* wird immer beliebter.

Einige der acht großen katalanischen Weinanbaugebiete genießen einen hervorragenden Ruf, u.a. Alella, Empordà-Costa Brava, Priorat und El Penèdes, wo der *Cava* (Sekt) nach der Champagner-Methode hergestellt wird [s. S. 94].

Eine katalanische Besonderheit ist eine **Glaskaraffe** (*Borron*) mit langem Schnabel. Ohne mit den Lippen das Gefäß zu berühren, wird daraus Wein getrunken, wobei der Rebensaft in einem Bogen direkt in die Kehle fließt.

Trinkgeld

In Restaurants wird ein Trinkgeld etwa in Höhe von 10% der Rechnungssumme erwartet. Es wird erst nach der Rückgabe des Wechselgeldes auf einer Untertasse auf dem Tisch oder an der Bar zurückgelassen. In den Hotels sind kleinere Trinkgelder für Kofferträger und Zimmerpersonal üblich. Auch Taxifahrer erwarten eine Anerkennung.

Feste und Feiern

Gesetzliche Feiertage sind 1. Januar (Neujahr/*Any Nou*), 6. Januar (Heiligedreikönige/*Reis Mags*), 19. März (Josefstag/*St. Josep*), Karfreitag (*Divendres Sant*), 1. Mai (Tag der Arbeit/*Diada del Traball*), 29. Juni (Peter und Paul/*Sant Pere i Sant Pau*), 25. Juli (St. Jakobstag/*Sant Jaume*), 15. August (Mariä Himmelfahrt/*Assumpció*), 11. September (Nationalfeiertag Kataloniens/*La Diada*), Ende September *(La Mercé),* 12. Oktober (Tag der Entdeckung Amerikas, Spanischer Nationalfeiertag/

Katalanische Spezialitäten

A la doba – in Rotwein geschmortes Fleisch

A la llauna – Fischgericht, das in einem Blechbehältnis zubereitet und auch darin serviert wird

Allioli negat – zähflüssige Soße aus Öl und Knoblauch

All cremat – Zubereitungsart auf der Basis von stark gebräunten, gerösteten Knoblauchzehen

Bombons de músic – Pralinen mit Nüssen und Trockenobst

Brandada – Stockfisch mit Öl und Knoblauch zubereitet, stammt aus der Provence

Bull – aus magerem Schweinefleisch, Fett und Blut hergestellte Wurst

Cassoulet – Eintopf aus weißen Bohnen und Schweinefleisch

Civet – Wildgericht französischer Provenienz

Conill rostit – Kaninchenbraten

Crema Catalana – ›Nationales Heiligtum‹ unter den Desserts: Vanillecreme, mit karamellisiertem Zucker überzogen

Cremat – flambiertes Getränk aus Rum und Zuckerrohrschnaps, Zitronenschale, Zucker, Zimt, Kaffee

Escalivada – Geröstete Aubergine, Zwiebel und Paprika

Escudella – Fleisch- oder Gemüsebrühe, häufig mit Nudeln oder Reis

Escull – typischer Keks aus L'Escala

Esqueixada – Salat aus zerkleinertem Stockfisch, Oliven, Tomaten u.a.

Fideujat – Suppeneintopfgericht aus gebratenen Fadennudeln mit Fisch oder Fleisch

Fuet – lange, dünne Hartwurst

Garum – Paste aus schwarzen Oliven und Anchovis

Gírgola – Austernpilz

Magret – Entenbrüstchen, mit Birnen, Pilzen oder Schwarzwurzeln zubereitet

Morralla oder *Cria de peix* – kleine Brat- und Zwiebelfische

Niu – sehr üppiges Gericht aus Stockfisch, Kabeljauinnereien und Wildgeflügel

Pa amb tomaquet – geröstetes Brot mit verriebener Tomate

Panellets – Marzipankonfekt mit Pinienkernen, kandierten Früchten, Kaffee, Kokosraspeln etc.

Peltruc – Wurstspezialität aus gekochtem Schweinefleisch

Peuada – Schweinspfoten ohne Knochen mit Eiern und Zucker

Picada – Grundsauce aus im Mörser zerstoßenen Knoblauchzehen, Petersilie und Mandeln

Relleno – Äpfel, gefüllt mit gesüßtem Fleisch oder zerbröselten Keksen

Romesco – scharfe Sauce mit Knoblauch, Pfeffer, Chili, Petersilie und anderen Kräutern

Rossejat – im Ofen überbackene Reisspezialität

Sang i perdiu – Lammkutteln, Blut und eine *Picada*

Suquet – Fischgericht mit Kartoffeln und Tomate in einer Sauce

Tiró – Ente

Tortada – Mandelkuchen, typisch für Banyoles

Tortell d'Olot – einfacher Gebäckkranz

Trefí – Süßspeise, typisch für Sant Feliu de Guixols

Trinxat – Kartoffeln, kleingehackter Kohl und Speck, gebraten

Xai rostit – Lammbraten

Xamfaina – Ratatouille Kataloniens: gedünstete Aubergine, Paprika, Tomate, Zwiebel

Xuixo – mit Creme gefüllte Kuchenrolle

Diada de la Hispanitat), 1. November (Allerheiligen/*Tots Sants*), 6. Dezember (Verfassungstag/*Dia de la Constitució*), 8. Dezember (Mariä Empfängnis/*Immaculat Concepció*), 25. Dezember (Weihnachten/*Nadal*), 26. Dezember (Stephanstag/*Sant Esteve*).

Feste

Neben der **Sardana** [s. S. 79] spielen bei vielen Festen auch die **Castellers**, die in Valls erfunden wurden [s. S. 110], eine große Rolle. Hier handelt es sich um Menschenpyramiden mit durchschnittlich 7–8 Etagen. Sie stehen für Stabilität und die Solidarität ihrer Bevölkerung. Eine weitere Festattraktion sind die **Gegants** oder **Capgrossos**, riesige Figuren aus Pappmaschee. Man stülpt sie sich über und reiht sich in dieser Verkleidung tanzend den Festumzügen ein.

Die Feierlichkeiten zum **Dreikönigstag** eröffnen den katalonischen Festkalender. Angesichts der vielen religiösen Feiertage und regionalen Feste kann hier nur eine Auswahl gegeben werden (Termine ggf. für die Reiseplanung aktuell prüfen):

Februar

Barcelona, Sitges, Girona und zahlreiche weitere Orte an der Costa Brava und Costa Daurada: *Karneval.*

März/April

Barcelona Das Fest von Sant Medir findet in der ersten Märzwoche statt: eine Reiterprozession trifft sich auf der *Plaça Rius i Taulet* im Stadtteil Gràcia. Sie reiten über die Arrabassada bis zur Klause des Heiligen Sant Medir – Patron der Saubohne – um dort ein Picknick zu veranstalten. Am Nachmittag kehrt die Prozession zurück und die Reiter werfen auf der *Gran de Gràcia* Bonbons und Süssigkeiten in die Menschenmenge.

Girona (Karwoche): *Totentanzaufführungen.* Zur Karwoche finden in ganz Spanien große Feierlichkeiten statt.

Barcelona (23. April): *Sant Jordi* ist eindeutig das schönste Fest von Barcelona, der Tag des Heiligen Georg, des Landespatrons von Katalonien. Dieser Tag wird auch als *Tag des Buches* bezeichnet, weil an einem 23. April Shakespeare geboren wurde und Cervantes gestorben ist. Die Tradition will, dass der Mann der Frau eine Rose schenkt und die Frau dem Mann ein Buch. Heutzutage werden an diesem Tag auch andere Dinge geschenkt und es schenken sich auch nicht nur Paare etwas.

Juni

Katalonien: *Fronleichnamsumzüge* und am 23. Juni *Nit de Sant Joan*, Sommersonnenwende, mit offenen Feuern.

Juli

Fischerorte der Costa Brava: *Meeresprozessionen.*

August

Lloret de Mar (24. August): *Patronatsfest* mit großer Meeresprozession der Fischer zu Ehren der hl. Cristina.

Gegants, Giganten, dürfen auch bei der Fiesta Major de la Merce in Barcelona nicht fehlen

September

Barcelona: Vier Tage dauern die Feierlichkeiten der *Fiesta Major de la Merce* anlässlich des Fests der Schutzheiligen von Barcelona, u.a. mit Musikveranstaltungen, Umzügen von großköpfigen Figuren und Stierkämpfen.

Sitges: *Fiesta de la Verema*

Oktober

San Feliu de Guixols: *Tag des Meeres.*

Dezember

L'Estartit: *Fiesta de Santa Llúcia.*

Klimadaten Barcelona

Monat	Luft (°C) min./max.	Wasser (°C)	Sonnen-std./Tag	Regen-tage
Januar	6/12	13	4	5
Februar	7/13	12	5	5
März	9/16	13	6	8
April	11/18	14	7	9
Mai	14/21	16	8	8
Juni	18/25	19	9	6
Juli	21/28	22	10	4
August	21/28	24	8	6
September	19/25	22	6	7
Oktober	15/21	20	6	9
November	11/16	16	5	6
Dezember	8/13	14	4	6

Klima und Reisezeit

Katalonien unterteilt sich in eine feuchte und eine trockene Klimazone, die jeweils keinen großen Temperaturschwankungen unterliegen. Die meisten Niederschläge fallen an der **Küste** zwischen März und Mai bzw. September und Oktober. Im manchmal sehr heißen **Landesinneren** regnet es selten. An der Costa Brava und Costa Daurada scheint im Jahresdurchschnitt an über 200 Tagen die Sonne. Hier steigt das Thermometer selten über 35 Grad.

Mai bis September empfiehlt sich als beste **Reisezeit** für das Landesinnere Kataloniens und die Pyrenäen. Aufenthalte an der Küste plant man am besten für die Monate Juni und September, wenn Luft und Wasser angenehm temperiert sind.

Kultur live

Die Fremdenverkehrsämter und -büros vor Ort halten die aktuellen Veranstaltungskalender und Informationen zu den wichtigen Festivals etc. bereit. Nachstehend einige Highlights des umfangreichen Jahresprogramms:

April–Juni

Barcelona: *Festival de Música Antigua,* Festival alter Musik, unterstützt von ›La Caixa‹ (www.lacaixa.es/fundacio).

Juni

Barcelona: *Sonar-Festival* (www.sonar.es) mit Multimedia- und Musiktrends internationaler Künstler. Das Sonar präsentiert mehr als 300 Veranstaltungen mit DJ-Sets, Konzerten, Kino und Kunstobjekten.

Herrlich lässt es sich, teils unter Bäumen, entlang der katalanischen Küsten wandern

Nachts in den Straßen von Sitges: für Livemusik und Unterhaltung ist gesorgt

Juni–August

Barcelona: *Grec-Sommerfestival* (www.barcelonafestival.com) mit Theater-, Musik-, Tanz- und Kinoveranstaltungen im Griechischen Theater am Montjuïc.

Juli/August

Sant Feliu de Guixols: *Festival Internacional de la Porta Ferrada* (www.portaferrada.com), Internationales Musikfestival mit Klassik, Jazz und moderner Musik.

Girona: *Festival de Músiques Religioses del Món* (www.ajuntament.gi/musiques religioses), Festival für religiöse Musik.

Cap Roig: *Festival Jardins de Cap Roig* (www.caproig.cat), das Festival im Jardí Botànic de Caixa de Girona in Cap Roig (bei Calella de Palafrugell) mit Tanz, Weltmusik, Oper, Jazz und Klassik.

Juli–September

Barcelona: *Internationales Jazz-Festival Mas i Mas* (www.masimas.com): Das Jazz-Großereignis präsentiert über 70 Konzerte vorrangig verschiedener Jazzrichtungen, aber auch andere Musikstile sind vertreten. Die Veranstaltungen finden in den Clubs Jamboree, La Bote, Jazzroom und Moog statt. Die Eröffnungs- und Abschlusskonzerte werden im Liceu Theater und im Victoria Theater aufgeführt.

Oktober

Barcelona: Beginn der Opernsaison im Gran Teatre del Liceu (www.liceubarcelona.com).

Nachtleben

Besonders abwechslungsreich ist das Nachtleben in den Zentren des Massentourismus, an der Costa Brava insbesondere in den Diskotheken und Bars zwischen Platja d'Aro und Lloret de Mar, an der Costa Daurada zwischen Castelldelfels und Sitges.

Die schillernde Nachtclubszene in **Barcelona** ist sehr schnelllebig. Schon seit Jahren ziehen jedoch trendige Designer-Clubs wie das Nick Havanna (Roselló 208, www.nickhavannabcn.com) die Nachtschwärmer an. Beliebt ist auch das Viertel um die Avenida del Tibidabo an der gleichnamigen Hügelkette. In den dortigen zahlreichen Bars und Musikkneipen trifft sich die Jugend gern zum Tanzen.

Sport

Golf

Viele, zum Teil herrlich gelegene Plätze, nicht wenige mit 18 Löchern, erwarten Golffreunde in der Umgebung von Barcelona und an der Küste. Infos:

Federació Catalana de Golf,
Carrer Tuset 32, Barcelona,
Tel. 934 14 52 62, www.catgolf.com

Reiten

Gute Möglichkeiten zum Reiten bietet die Costa Brava, egal ob man am Strand oder im Landesinneren ausreiten will. Infos:

Federació Catalana d'Hípica,
Tel. 933 03 01 60, www.fchipica.cat

Wandern

Als seien die Küsten und Berge für's Wandern erschaffen worden – Katalonien bietet ein ausgezeichnetes und gut erschlossenes Terrain für Wanderlustige.

Von einem geruhsamen Wanderweg entlang der Küste bis zu mehrtägigen Touren in den Pyrenäen ist alles möglich. Infos und Karten:

Federació d'Entitats Excursionistes de Catalunya, Rambla 61, Barcelona, Tel. 934120777, www.feec.cat

Wassersport

Aufgrund der idealen klimatischen Bedingungen und des leichten Seegangs bieten die meisten Küstenorte nahezu unbegrenzte Möglichkeiten. Vor allem die nördliche Costa Brava ist bei **Windsurfern** äußerst beliebt, während die felsigen Küstenabschnitte der Costa Brava und die Illes Medes bei L'Estartit als Dorado der **Taucher** und **Schnorchler** gelten. Die zahlreichen **Segel-** und **Jachthäfen**, sind meist mit allem erdenklichen Komfort ausgestattet. Ausführliche Informationen erteilen die **ADAC Sportschifffahrt** (www.adac.de/sportschifffahrt) und:

Associació Catalana de Ports Esportius i Turistics, Carrer Balmes 156, Entlo. 2, Barcelona, Tel. 934153301, Fax 934154426, www.acpet.es

Sprache

Katalanisch ist die Muttersprache der mehr als 7 Mio. Katalanen. Sie wachsen zweisprachig auf, denn sie lernen *Castellano*, also Spanisch, von klein auf in der Schule. Ein Sprachführer zu Spanisch und Katalanisch ist auf den Seiten 136–139 dieses Reiseführers zu finden.

Statistik

Lage: Costa Brava und Costa Daurada bilden die 580 km lange Nordostküste Spaniens. Die Costa Brava erstreckt sich von Frankreich bis Barcelona, die Costa Daurada verläuft von Barcelona bis zum Golf de Sant Jordi nahe des Ebro-Deltas.

Die folgenden Angaben beziehen sich auf die Autonome Region Katalonien:

Fläche: 31930 km^2

Einwohner: 7,5 Mio., ca. 16 % der Gesamtbevölkerung Spaniens

Bevölkerungsdichte: ca. 234 Ew./km^2

Hauptstadt: Barcelona (1,6 Mio. Einw.)

Religion: 80 % der Bevölkerung sind römisch-katholisch.

Verwaltung: Katalonien ist eine von 17 Autonomen Regionen Spaniens und gliedert sich in die vier Provinzen Barcelona, Tarragona, Lleida und Girona.

Wirtschaft: Katalonien gehört zu den erfolgreichsten Wirtschaftsregionen Spaniens und erwirtschaftet ca. 20 % des Bruttosozialprodukts des Landes. Während die Landwirtschaft (3,8 % der Arbeitsplätze) ihre einstige große Bedeutung verloren hat, entfallen heute fast 60 % der Arbeitsplätze auf den Dienstleistungssektor, vor allem auf den Tourismus. 28,6 % der Beschäftigten arbeiten in der Industrie, 8 % sind im Bauwesen tätig.

Unterkunft

An den Küsten und in Barcelona herrscht ein überwältigendes Angebot an Unterkünften. Es finden sich Hotels und Pensionen, Apartments, Ferienhäusern und Campingplätzen aller Kategorien. Die Tourismusbüros geben aktuelle Unterkunftsverzeichnisse heraus. Auch Internetseiten [s. S. 125] vermitteln einen guten Überblick. Eine Auswahl empfehlenswerter Unterkünfte bieten die **Praktischen Hinweise**.

Camping

Die meisten Campingplätze sind von März bis Okt. geöffnet, einige auch ganzjährig. Eine große Auswahl geprüfter Campingplätze bietet der jährlich erscheinende **ADAC Campingführer Südeuropa**, der im Buchhandel oder bei den ADAC Geschäftsstellen erhältlich ist (www.adac.de/camping).

Hostales und Pensiones

Hostales (HS), also Gasthäuser, und *Pensiones* (P) unterteilen sich jeweils in drei Kategorien von 1 bis 3 Sternen. Je nach Komfort, Lage und Saison können die Zimmerpreise innerhalb derselben Kategorie erheblich variieren.

Hotels

Die spanischen Hotels (H) werden nach Komfort und Ausstattung auf einer Ein- bis Fünf-Sterne-Skala geführt. In S'Agaro an der Costa Brava liegt mit dem *Hostal de la Gavina* (Tel. 972321100, Fax 972321573, www.lagavina.com) eines von insgesamt sechs Häusern Spaniens, die eine Klasse für sich bilden und mit **GL**, *Gran Lujo* (Großer Luxus), gekennzeichnet werden.

Jugendherbergen

Ein regionales Jugendherbergsverzeichnis verschickt auf Anfrage die **Red Espanola de Albergues Juveniles**, Gran Vía 10, Madrid, Tel. 917 20 11 65, Fax 917 20 11 64, www.reaj.com. Ein Jugendherbergsausweis ist für Übernachtungen erforderlich.

Paradores

Exklusives und stimmungsvolles Ambiente bieten die meist mit drei oder vier Sternen ausgezeichneten Häuser der staatlichen Hotelkette *Paradores de España*. Je ein Haus liegt an der Costa Brava (*Parador de Aiguablava*) und an der Costa Daurada (*Parador de la Zuda*, Tortosa).

Privatzimmer

Schilder mit der Aufschrift *Camas* (Betten) oder *Habitaciones* (Unterkünfte) weisen auf Privatzimmer hin.

Verkehrsmittel im Land

Bahn

Neben den Zügen der Staatsbahn RENFE fahren täglich Züge der *Ferrocarrils de la Generalitat*, der Eisenbahngesellschaft der autonomen katalanischen Landesregierung, in beiden Richtungen auf den Strecken Barcelona–Girona bzw. Girona–Portbou. Die Linien Barcelona–Tarragona–Tortosa bzw. Barcelona–Tarragona–Lleida bilden die wichtigsten Nahverkehrsstrecken der Costa Daurada.

Bus

Zwischen Girona bzw. Tarragona und den Touristenzentren an der Küste verkehren zu jeder Tages- und Nachtzeit zahlreiche Buslinien.

Fähre

Ein regelmäßiger Linienverkehr verbindet tagsüber zahlreiche Orte entlang der Küste auf dem Wasserweg. Infos:

Cruceros Costa Brava, Tel. 972 31 49 69
Cruceros Costa Daurada, Tel. 977 36 30 90

Mietwagen

Internationale und nationale Autoverleiher unterhalten Vertretungen in Barcelona und auf den Flughäfen, z.B. AVIS, Aeropuerto Internacional de Barcelona El Prat de Llobregat, Barcelona, Reservierungen unter Tel. 932 98 36 00.

Mitglieder können über die ADAC Geschäftsstellen, unter Tel. 089/76 76 34 34 (Mo–Fr 8–19, Sa/So 9–19 Uhr) bei der **ADAC Autovermietung** oder unter www.adac.de/produkte mit Bestpreis-Grantie ein Auto vorbuchen.

Taxi

Taxis sind vergleichsweise preisgünstig und stets mit Gebührenzähler ausgerüstet. Es gibt viele Standplätze, Taxis können auch herangewunken werden.

Nobel residiert man im Hotel Condes de Barcelona, dem ehemaligen Ritz

Sprachführer

Spanisch und Katalanisch für die Reise

Das Wichtigste in Kürze

	Spanisch (Kastilisch)	Katalanisch
Ja/Nein	*sí/no*	*sí/no*
Bitte/Danke	*por favor/gracias*	*si us plau/gràcies*
Entschuldigung!	*¡perdón!/¡perdone!*	*disculpi!/disculpa!*
Können Sie mir bitte helfen?	*¿Puede ayudarme, por favor?*	*Pot ajudar-me, si us pla*
Das gefällt mir (nicht).	*(No) Me gusta.*	*(No) M'agrada.*
Ich möchte ...	*Quisiera ...*	*Voldria ...*
Haben Sie ...?	*¿Tiene usted ...?*	*Té ...?*
Wie viel kostet das?	*¿Cuánto cuesta?*	*Quant és?*
Kann ich mit Kreditkarte bezahlen?	*¿Puedo pagar con la tarjeta de crédito?*	*Puc pagar amb targeta de crèdit?*
Wie viel Uhr ist es?	*¿Qué hora es?*	*Quina hora és?*
Guten Morgen!/Guten Tag!	*¡Buenos días!*	*Bon dia!*
Guten Abend!/Gute Nacht!	*¡Buenas tardes!/¡Buenas noches!*	*Bona tarda!/Bona nit!*
Hallo!/Grüß dich!	*¡Hola!/¿Qué tal?*	*Hola/Què hi ha?*
Wie ist Ihr Name, bitte?	*¿Cómo se llama usted, por favor?*	*Com es diu, si us plau?*

Wochentage

Montag	*lunes*	*dilluns*
Dienstag	*martes*	*dimarts*
Mittwoch	*miércoles*	*dimecres*
Donnerstag	*jueves*	*dijous*
Freitag	*viernes*	*divendres*
Samstag	*sábado*	*disabte*
Sonntag	*domingo*	*diumenge*

Monate

Januar	*enero*	*gener*
Februar	*febrero*	*febrer*
März	*marzo*	*març*
April	*abril*	*april*
Mai	*mayo*	*maig*
Juni	*junio*	*juny*
Juli	*julio*	*juliol*
August	*agosto*	*agost*
September	*septiembre*	*setembre*
Oktober	*octubre*	*octubre*
November	*noviembre*	*novembre*
Dezember	*diciembre*	*desembre*

Zahlen

0	*cero*	*zero*
1	*uno*	*un/una*
2	*dos*	*dos/dues*
3	*tres*	*tres*
4	*cuatro*	*quatre*
5	*cinco*	*cinc*
6	*seis*	*sis*
7	*siete*	*set*
8	*ocho*	*vuit*
9	*nueve*	*nou*
10	*diez*	*deu*
11	*once*	*onze*
12	*doce*	*dotze*
13	*trece*	*tretze*
14	*catorce*	*catorze*
15	*quince*	*quinze*
16	*diecisésis*	*setze*
17	*diecisiete*	*disset*
18	*dieciocho*	*divuit*
19	*diecinueve*	*dinou*
20	*veint*	*vint*
21	*veintiuno, -a*	*vint-i-un*
22	*veintidós*	*vint-i-dos*
30	*treinta*	*trenta*
40	*cuarenta*	*quaranta*
50	*cincuenta*	*cinquanta*
60	*sesenta*	*seixanta*
70	*setenta*	*setanta*
80	*ochenta*	*vuitanta*
90	*noventa*	*noranta*
100	*cien, ciento*	*cent*
101	*ciento uno*	*cent un*
200	*doscientos, -as*	*dos-cents*
300	*trescientos,-as*	*tres-cents*
400	*cuatrocientos,-as*	*quatre-cents*
500	*quinientos,-as*	*cinc-cents*
600	*seiscientos,-as*	*sis-cents*
700	*setecientos, -as*	*set-cents*
800	*ochocientos, -as*	*vuit-cents*
900	*novecientos, -as*	*nou-cents*
1000	*mil*	*mil*
2000	*dos mil*	*dos mil*
10 000	*diez mil*	*deu mil*
1 000 000	*un millón*	*un milió*
¼	*un cuarto*	*un quart*
½	*medio*	*mig*

Mein Name ist …	*Me llamo …*	*Em dic …*
Wie geht es Ihnen?	*¿Qué tal está usted?*	*Com està?*
Auf Wiedersehen!/Tschüs!	*¡Adiós!/¡Hasta luego!*	*Adéu-siau!/Adéu!*
Bis morgen!	*¡Hasta mañana!*	*Fins demà!*
gestern/heute/morgen	*ayer/hoy/mañana*	*ahir/avui/demà*
am Vormittag/am Nachmittag	*por la mañana/por la tarde*	*al matí/a la tarda*
am Abend/in der Nacht	*por la tarde/por la noche*	*a la tarda/a la nit*
um 1 Uhr/2 Uhr …	*a la una/a les dos …*	*a la una/a les dos ...*
um … Uhr 30	*a la/las … y media*	*dos quarts de …*
Minute(n)/Stunde(n)	*minuto(s)/hora(s)*	*minut(s)/hora (hores)*
Tag(e)/Woche(n)	*día(s)/semana(s)*	*dia (dies)/setmana (setmanes)*
Monat(e)/Jahr(e)	*mes(es)/año(s)*	*mes(os)/any(s)*

Unterwegs

Nord/Süd/West/Ost	*norte/sur/oeste/este*	*nord/sud/oest/est*
oben/unten	*arriba/abajo*	*amunt/avall*
geöffnet/geschlossen	*abierto/cerrado*	*obert/tancat*
geradeaus/links/ rechts/zurück	*derecho/ a la izquierda/ a la derecha/ atrás*	*tot dret/ a l'esquerra/ a la dreta/enrera*
nah/weit	*cerca/lejos*	*prop/lluny*
Wie weit ist das?	*¿A qué distancia está?*	*És molt lluny això?*
Wo sind die Toiletten?	*¿Dónde están los aseos?*	*On es el lavabo?*
Wo ist der Flughafen/ der Fährhafen/ eine Polizeidienststelle?	*¿Dónde está el aeropuerto/ el puerto/ una policía?*	*On és l'aeroport/ el port/ una policia?*
Wo finde ich … eine Bäckerei/ ein Lebensmittelgeschäft/ den Markt?	*¿Dónde encuentro una panadería/ un supermercado/ el mercado?*	*On hi ha per aquí … un forn/una fleca un supermercat/ el mercat?*
Ist das der Weg/ die Straße nach …?	*¿Es este el camino/ la carretera a …?*	*És aquest el cami per …/ És aquesta la carretera a ?*
Ich möchte mit … dem Zug/dem Bus/ der Fähre/dem Flugzeug nach … fahren.	*Quisiera ir en ... tren/autobús/ ferry/avión a …*	*Voldria anar amb … tren/autobús/autocar/ ferry/avió a …*
Ich möchte eine Anzeige erstatten.	*Quisiera hacer una denuncia.*	*Voldria fer una denúncia.*

Hinweise zur Aussprache – Spanisch und Katalanisch

c	vor ›a, o, u‹ wie ›k‹, z. B.: casa, caja vor ›e‹ und ›i‹ ähnlich dem englischen ›th‹, z. B.: gracias, cinc
ch	wie ›tsch‹, z. B.: leche
g	vor ›e‹ und ›i‹ wie ›ch‹, z. B.: gente
gue, gui	wie ›ge, gi‹, z. B.: guiso, pague
h	ist immer stumm
j	wie ›ch‹, z. B.: jamón
ll	zwischen Vokalen wie ›lj‹ z. B.: tortilla, llum
ñ	wie ›nj‹, z. B.: niño
que, qui	wie ›ke, ki‹, z. B.: queso, quiero, porque
s	vor ›b, d, g, l, m, n‹ weiches ›s‹, z. B.: isla, sonst immer scharfes ›s‹
v	wie ›b‹, z. B.: via, vino
z	ähnlich dem englischen ›th‹, z. B.: tenaz

Besonderheiten des Katalanischen

ç	wie scharfes ›s‹, z. B.: França, dolços
g	vor ›e‹ und ›i‹ wie in Garage, z. B.: coratge
j	wie ›g‹ in Garage, z. B.: menjar
ny	wie ›gn‹ in ›Champagner‹, z. B.: Catalunya
s	am Anfang und Ende des Wortes scharfes ›s‹, z. B.: sis, vas, seda zwischen zwei Vokalen weiches ›s‹, z. B.: ase
ss	zwischen zwei Vokalen scharfes ›s‹, z. B passa
x	wie ›sch‹, z. B.: caixa
z	wie weiches ›s‹, z. B.: onze, setze

Man hat mir ... Geld/die Tasche/ die Papiere/die Schlüssel/ den Fotoapparat/ den Koffer gestohlen.	*Me han robado ... el dinero/el bolso/ los documentos/las llaves/ la cámara fotógrafica/ la maleta.*	*M'han robat ... els diners/la cartera/ la documentació/les claus/ l'aparell fotogràfic/ la maleta.*

Bank, Post Telefon

Wo ist die (der) nächste ... Telefonzelle/ Bank/Post/ Geldautomat?	*¿Dónde está ... la cabina telefónica/ el banco/el correo/ el cajero automático más cerca?*	*On hi ha per aquí prop ... una cabina telefònica/ un banc/un correu/ un caixer automàtic?*
Brauchen Sie meinen Ausweis?	*¿Necesita mi documento de identidad?*	*Necessita el meu carnet d'identitat?*
Haben Sie ... Telefonkarten/Briefmarken?	*¿Tiene Usted ... tarjetas de teléfono/sellos?*	*Té targetes ... de telèfon/segells?*

Tankstelle

Wo ist die nächste Tankstelle?	*¿Dónde está la estación de servicio más cercana?*	*On és la benzinera més propera?*
Ich möchte ... Liter ... Super/Diesel/ bleifrei.	*Quisiera ... litros de ... gasolina super/diesel/ gasolina sin plomo.*	*Voldria ... litres de ... gasolina/super/diesel/ sense plom.*
Volltanken, bitte!	*¡Lleno, por favor!*	*Ple, si us plau!*
Bitte prüfen Sie ... den Reifendruck/ den Ölstand/ die Batterie.	*Controle, por favor ... la presión de los neumáticos/ el nivel del aceite/ la batería.*	*Controli, si us plau ... la pressió dels pneumàtics/ el nivell de l'oli/ la bateria.*

Panne

Ich habe eine Panne.	*Tengo una avería.*	*Tinc una avaria.*
Der Motor startet nicht.	*El motor no arranca.*	*El cotxe no s'engega.*
Ich habe kein Benzin.	*No tengo gasolina.*	*No tinc gasolina.*
Gibt es hier in der Nähe eine Werkstatt?	*¿Hay algún taller por aquí cerca?*	*On hi ha per aqui aprop un taller?*
Können Sie mir einen Abschleppwagen schicken?	*¿Puede enviarme una grua?*	*Pot enviar-me una grua?*
Können Sie den Wagen reparieren?	*¿Puede repara el coche?*	*Pot reparar-me el cotxe?*
Bis wann ist er fertig?	*¿Cuándo estara listo?*	*Quant tardaran a arreglar el cotxe?*

Mietwagen

Ich möchte ein Auto mieten.	*Quisiera alquilar un coche.*	*Voldria llogar un cotxe.*
Was kostet die Miete ... pro Tag/pro Woche/ mit unbegrenzter km-Zahl/ mit Kaskoversicherung/ mit Kaution?	*¿Cuánto cuesta el alquiler ... por día/por semana/ con kilometraje ilimitado/ con seguro a todo riesgo/ con depósito?*	*Quant costa el lloguer ... per dia/per setmana/ amb quilometratge ilimitat/ amb assegurança a tot risc/ amb dipòsit?*
Wo kann ich den Wagen zurückgeben?	*¿Dónde puedo devolver el coche?*	*On puc tornar el cotxe?*

Unfall

Hilfe!	*¡Ayuda!/¡Socorro!*	*Ajuda!*
Achtung!/Vorsicht!	*¡Atención!/¡Cuidado!*	*Compte!*
Rufen Sie bitte schnell ... einen Krankenwagen/ die Polizei/die Feuerwehr.	*Por favor, llame en seguida ... una ambulancia/ a la policía/a los bomberos.*	*Truqui, si us plau de pressa ... a una ambulància/ a la policia/als bombers.*
Es war (nicht) meine Schuld.	*(No) Ha sido por mi culpa.*	*(No) Ha estat culpa meva.*
Ich brauche die Angaben zu Ihrer Autoversicherung.	*Necesito los datos de su seguro.*	*Necessito les dades de la seva assegurança seguro.*
Geben Sie mir bitte Ihren Namen und Ihre Adresse.	*¿Puede usted darme su nombre y dirección, por favor?*	*Pot donar-me el seu nom i la seva adreça, si us plau?*

Krankheit

Können Sie mir einen Arzt/Zahnarzt empfehlen?	*¿Puede recomendarme un médico/dentista?*	*Pot recomanar-me un metge/un dentista?*
Wann hat er Sprechstunde?	*¿A qué hora tiene su consulta?*	*Quines hores visita?*
Wo ist die nächste Apotheke?	*¿Dónde está la farmacia más próxima?*	*Hi ha alguna farmàcia prop d'aquí?*
Ich brauche ein Mittel gegen … Durchfall/Fieber/ Insektenstiche/ Kopfschmerzen/ Verstopfung/ Zahnschmerzen.	*Necesito un medicamento contra … la diarrea/la fiebre/ las picaduras de insectos/ los dolores de cabeza/ el estreñimiento/ el dolor de muelas.*	*Necessito un medicament contra ... la diarrea/la febre/ les picades d'insectes/ el mal de cap/ el restrenyiment/ el mal de queixal.*

Im Hotel

Können Sie mir bitte ein Hotel empfehlen?	*¿Podría recomendarme un hotel, por favor?*	*Pot recomanar-me un hotel, si us plau?*
Ich habe bei Ihnen ein Zimmer reserviert.	*He reservado aquí una habitación.*	*Tinc una habitació reservada al seu hotel.*
Haben Sie …	*¿Tiene usted una …*	*Té una …*
ein Einzel-/Doppelzimmer …	*habitación individual/doble …*	*habitació individual/ doble …*
mit Dusche/mit Bad/WC	*con ducha/con baño/WC*	*amb dutxa/amb bany/WC*
für eine Nacht/eine Woche?	*para una noche/una semana?*	*per una nit/una setmana?*
Was kostet das Zimmer mit … Frühstück/Halbpension?	*¿Cuánto cuesta la habitación con … desayuno/media pensión?*	*Quant val l'habitació amb … esmorzar/mitja pensió?*

Im Restaurant

Wo gibt es ein gutes, günstiges Restaurant?	*¿Dónde hay un buen restaurante económico?*	*Hi ha algun restaurat bo i econòmic prop d'aquí?*
Welches Gericht können Sie besonders empfehlen?	*¿Qué plato puede usted recomendarme?*	*Què em recomana?*
Die Speisekarte, bitte.	*¡La carta, por favor!*	*Em pot portar la llista de plats, si us plau?*
Die Rechnung, bitte!	*¡La cuenta, por favor!*	*El compte, si us plau!*

Essen und Trinken

Apfel	*manzana*	*poma*
Aubergine	*berenjena*	*albergínia*
Banane	*plátano*	*plàtan*
Bier	*cerveza*	*cervesa*
Brot/Brötchen	*pan/panecillo*	*pa/panet*
Butter	*mantequilla*	*mantega*
Ei	*huevo*	*ou*
Eintopf	*cocido*	*escudella*
Eiscreme	*helado*	*gelat*
Espresso	*café solo*	*cafè*
Espresso mit etwas Milch	*cortado*	*tallat*
Essig	*vinagre*	*vinagrè*
Fisch	*pescado*	*peix*
Fleisch	*carne*	*carn*
Gemüse	*verdura*	*verdura*
Huhn	*pollo*	*pollastre*
Hummer	*bogavante*	*llamàntol*
Kaninchen	*conejo*	*conill*
Kartoffeln	*patatas*	*patates*
Käse	*queso*	*formatge*
Lammfleisch	*cordero*	*xai*
Meeresfrüchte	*mariscos*	*marisc*
Milch	*leche*	*llet*
Milchkaffee	*café con leche*	*cafè amb llet*
Nachspeisen	*postres*	*postres*
Oliven	*aceitunas*	*olives*
Olivenöl	*aceite de oliva*	*oli d'oliva*
Orange	*naranja*	*taronja*
Pfeffer	*pimienta*	*pebre*
Pilze	*setas*	*bolets*
Reis	*arroz*	*arròs*
Rindfleisch	*carne de ternera*	*carn de vedella*
Salat	*ensalada*	*amanida*
Salz	*sal*	*sal*
Schinken (roh)	*jamón serrano*	*pernil serrà*
Schweinefleisch	*carne de cerdo*	*carn de porc*
Suppe	*sopa*	*sopa*
Vorspeisen	*entremeses*	*entremès*
Wassermelone	*sandía*	*sindria*
Wein	*vino …*	*vi ...*
Weiß-/	*blanco/*	*blanc/*
Rot-/	*tinto/*	*negre/*
Rosé-Wein	*rosado*	*rosat*
Weintrauben	*uvas*	*raim*
Zucker	*azúcar*	*sucre*

Register

A

Acueducto de las Ferreras 104
Aiguablava **54**, 135
Aiguafreda 54
Alfonso II. der Keusche, span. König 116
Alfonso V. der Großmütige, span. König 115
Alfonso XIII., span. König 14, 15
Aloy 102
Altafulla **108–109**
Andreu, Ramón 45
Arc de Berà **107**
Argullo, Ferran 18, 60
Augustus, röm. Kaiser 39, 100, 103, 119
Austria, Don Juan d' 57, 74, 75

B

Barcelona 6, 7, 10, 11, 13, 14, 15, 36, 37, **67–87**, 89, 96, 99, 100, 108, 126, 127, 128, 131, 132, 133, 134, 135
Aquàrium 74
Barri Gòtic 67, **74–78**, 128
Boqueria 72
Café de l'Opera 72
Casa Amatller **82**, 84
Casa Batlló 82
Casa Clariana-Padellàs 76
Casa de la Ciutat 75
Casa de les Punxes 84
Casa Lleó Morera 82
Casa Milà 80
Casa Museu Gaudí 85
Castell de Montjuïc 78
Catedral de Santa Eulàlia 75
Diagonal **80**, 128
Els Quatre Gats 84
Espai Gaudí 82
Font de Canaletes 71
Fundació Antoni Tàpies 83
Fundació Joan Miró 79
Gran Teatre del Liceu 15, **71**, 72, 133
La Ribera 77
Manzana de la Discordia 82
Mercat de Sant Josep 72
Moll de la Barceloneta 74
Moll de la Fusta 74
Moll d'Espanya 74
Montjuïc 14, **79**, 133
Monument a Colom 73
Museu d'Història de la Ciutat 76
Museu Marítim 73
Museu Nacional d'Art de Catalunya 37, **78**
Museu Picasso 78
Palau de la Generalitat de Catalunya 75
Palau de la Musica Catalana **84**
Palau Güell 72, 84
Palau Reial Major 76
Parc Güell 67, **84**
Passeig de Gràcia **80**, 128
Plaça de Catalunya **70**, 71
Plaça del Portal de la Pau 73
Plaça del Rei 76
Plaça de Sant Jaume 75
Poble Espanyol **79**, 133
Port Vell 74
Rambla de Canaletes 71
Rambla de Catalunya 128
Rambla de les Flors 72
Rambla dels Caputxins 72
Rambla dels Estudis 72
Rambla de Mar 74
Rambla de Sant Josep 72
Rambla Sta. Monica 73
Reials Drassanes 73
Sagrada Familia 14, 67, **83**
Santa Maria del Mar 77
Vila Olimpica 74
Bartomeu 45
Beatus von Liébana 46
Begur **53–54**
Benjamin, Walter 36, **37–38**
Berneç, Pere 45
Bernhard von Clairvaux 112, **113**
Besalú 18, **25–26**
Blanche von Anjou 113
Blanes 18, 43, 63, **64–65**, 128
Borell II., Graf von Barcelona 12
Breton, André 31
Buñuel, Luis 20

C

Caballé, Montserrat 8
Cabrera, Vizegraf von Blanes 65
Cadaqués 18, 21, **31–34**, 128
Casa-Museu Dalí 32
Iglesia Parroquial de Santa Maria 32
Museu de Cadaqués 32
Caesar, Julius 100
Calafell 10, 99, **107–108**
Calella de Palafrugell **56–57**
Cambrils **118**
Cantada d'Havaneres 56
Cap de Begur 53, 54
Cap de Creus 18, 27, **33**
Capmany **23–25**, 47
Cap Roig 56
Caravaggio, Michelangelo da 96
Caravan, Dani 38
Carlos III., span. König 14
Carlos I., span. König 13, 27
Carlos IV., span. König 14
Carreras, José 9
Casals, Pau 8, **105–106**
Casas, Ramón 90
Castelar, Emilio de 14
Castell d'Aro 58
Castell de Peratallada 51
Castell de Salvador 35
Castelló d'Empúries 18, **29–30**
Cerdà, Ildefons 69, 80
Chagall, Marc 61, 62
Ciutadella Ibèrica 107
Clairvaux, Bernhard von 112, **113**
Coma-Ruga 106, **107**
Costa del Garrafe 89
Creixell de Mar 107
Cristina de Bourbon, span. Infantin 15, 70

D

Dalí, Salvador 8, 14, 18, 19, **20–21**, 22, 31, 32, 33, 96
Deltebre 123
Domènech i Montaner, Lluís 69, 82, 83, **84**, 87, 109
Duchamp, Marcel 31
Durruti, Buenaventura 69

E

Ebro-Delta 10, 99, **121–123**, 134
El Forn 119
El Port de la Selva 18, **34–35**, 128
Éluard, Paul 20, 31
El Vendrell **105–107**
Empúriabrava **30**
Empúries 12, **38–40**, 44, 48, 50, 106
Enzensberger, Hans Magnus 70
Ermita Santa Cristina 63
Ernst, Max 20, 31

F

Falla, Manuel de 89
Felipe II., span. König 8, 117
Felipe IV., span. König 13
Felipe V., span. König 13, 14
Fernando II. der Katholische, König von Aragón 7, 13, 68, 76, 103
Fernando VII., span. König 14
Fiesta de la Verena 91
Figueres 14, 18, **19–22**, 24, 25, 32, 33, 36
Castell de Sant Ferran 19
Museu de l'Empurdá 19

Museu del Joguet 19
Teatre-Museu Dalí **21**, 33
Fonoll, Reinard des 112
Forment, Damià 116
Fornells 54
Fortuny i Carbó, Marià 109, 110
Franco, Francisco 6, 15, 21, 70, 83, 96, 106, 121
Fuchs, Ernst 22
Fundación Gala i Salvador Dalí 33

G

Gala **20**, 21, 22, 32, 33
García Lorca, Federico 20, 31
García Márquez, Gabriel 31
Garrotxa 25
Gaudí i Cornet, Antoni 8, 10, 14, 67, 69, 82, 83, **84**, 109, 110
Girona 10, 12, 14, 25, 29, 35, 39, 43, **43–49**, 126, 127, 128, 131, 134, 135
Barri Vell 43
Cases de l'Onyar 49
El Call 46
Els Banys Àrabs 47
La Catedral 29, **45**
Museu capitular 46
Museu d'Arqueologia de Catalunya 48
Museu d'Art 46
Museu d'història de la ciutat 47
Museu d'Historia dels Jueus 47
Plaça dels Apòstols 46
Pujada Sant Domènec 49
Rambla de la Libertad 49
Sant Feliu 48
Universidad Vieja 49
Godoy, Manuel de 14
Greco, El 22, 90, 96
Güell, Eusebi, Graf 73, 84

H

Hadrian 100
Huguet, Jaume 76

I

Illes Medes 18, **41**, 134
Isabella I., span. Königin 7, 13, 68, 76, 103

J

Jardí Botànic de Caixa de Girona 56
Jardí Botànic Marimurtra 65
Jaume I. der Eroberer, König von Aragón-Katalonien 13, 19, 116, 117
Jaume II. der Gerechte, span. König 41, 113
Juan Carlos I., span. König 15, 81

K

Karl der Große 43, 45, 46, 68
Karl V., Kaiser des Hl. Römischen Reiches Deutscher Nation 13, 121
Kolumbus, Christoph 13, 68, 73, 75, 76

L

La Cava 122
Laguna Escanyissada 123
L'Albera 18, 23, **25**
L'Ametlla de Mar **118–119**
Launtungart 102
L'Escala 12, **38–40**, 128
L'Estartit 18, **41**, 128, 132, 134
Lleida 14, 99, 134, 135
Lloret de Mar 10, 43, **62–64**, 128, 132, 133
Ludwig der Fromme 12, 68

M

Manresa 96
Marès, Frederic 116
Martín I. der Humane, König von Aragón-Katalonien 13, 116
Mas Beleta 12, **24**
Mas i Fontdevila, Arcadi 89
Mataró 14, 69
Matisse, Henri 31
Meda Gran 41
Miravet 121
Miró, Joan 8, 14, 31, 67, 72, 79, **81**
Monistrol 95, 96
Montblanc **113–114**
Montgrí 41
Montserrat 89, **95–97**
Museu del Suro 55

O

Olesa 96
Olivares, Gaspar de Guzmán, Graf von 13

P

Palafrugell **55–56**
Palamós **57–58**, 128
Pals **52**
Parc Natural Aiguamolls 18, **30–31**
Parc Natural Delta de l'Ebre 99, **122**, 123
Peralada **23**, 35
Peratallada **50–51**
Pere el Gran, König von Aragón-Katalonien 13, 57, 95, 113
Pere IV. der Zeremoniöse, König von Aragón-Katalonien 46, 116
Petronila von Aragón, Infantin 13
Picasso, Pablo 20, 31, 67, 78, 90, 96
Pi i Margall 14
Pla, Josep 55, 62
Platja d'Aro 10, 56, **58–59**, 128, 133
Platja de Blanes 65
Platja de la Barceloneta 74
Platja de L'Estartit 41
Platja de Lloret 63
Platja del Miracle 103
Platja del Rastell 28
Platja de Palamós 58
Platja de Riels 38
Platja de S'Abanell 65
Platja de Salatar 28
Platja de Sant Pol 60
Platja de Sant Salvador 107
Platja d'Es Codolar 62
Platja de Tamariú 55
Platja d'Oro 90
Platja Gran 62
Platja La Perola 28
Platja Santa Margarida 28
Platja Sant Feliu 60
Platja Sant Sebastià 90
Poblat Ibèric **50**
Poblet 10, 37, 99, 113, **114–117**
Port Aventura 117
Portbou 18, **36–38**, 135
Port Lligat 18, 21, 31, **32–33**
Primo de Rivera, General 14
Púbol 32, 33
Puent de Diable 104
Puig i Cadafalch, Josep 60, 69, 82, **84**, 93

R

Ramón Berenguer III., Graf von Barcelona 100
Ramón Berenguer IV., Graf von Barcelona 13, 114, 119
Reus **109–110**
Riumar 123
Roig i Soler, Joan 89
Roses 18, **26–29**, 53, 128
Castillo de Trinidad 27
Mirador del Puig Rom 28
Rusiñol, Santiago 79, **89**, 90, 91
Ruta daliana 32

S

S'Agaro 134
Salou **117**
Salvador, Santiago 71
Santes Creus 10, 99, 110, **111–113**
Sant Feliu de Guixols 43, **59–61**, 128, 133
Sant Pere de Rodes 18, 24, **35–36**, 37
Sant Pere Pescador 30
Sant Roc 119
Sant Sadurní d'Anoia 89, **93–94**
Sa Palomera 64
Sa Riera 54
Sa Tuna 54

Scipio der Ältere, röm. Feldherr 39
Sert, Josep Lluis 79
Sitges **89–92**, 131, 132, 133
Museu Cau Ferrat 90
Museu Palau Maricel 90
Museu Romantico 91
Suárez González, Adolfo 15
Subirach, Josep Maria 83

T

Tamarit de Mar 108
Tàpies, Antoni 8, 67, 83
Tarragona 10, 12, 13, 14, 39, 43, **99–105**, 108, 111, 113, 126, 134, 135
Amfiteatre 103
Balcó del Mediterrani 104
Castell del Rei 103
Circus 103
El Call 103
Foro Romano 104
Museo Diocesano 102
Museu d'Història de la Ciutat 103
Museu i Necrópolis Paleocristians 104
Museu Nacional Arqueològic **103**, 108
Passeig Arqueològic 100
Plaça de la Font 103
Plaça del Fòrum 102
Plaça del Rei 103
Plaça Ponent 104
Portal del Roser 100
Portal de Sant Antoni 100
Rambla Nova 104
Torredembarra 109
Torroella de Montgrí 41
Tortosa 99, **119–121,** 135
Tossa de Mar 43, 60, **61–62**, 128
Trajan 104, 107

U

Ullastret 12, **50**
Urdangarin, Iñaki 15, 70
Utrillo, Miguel 90

V

Valls **110–111**, 131
Via Augusta 43, 47
Vilafranca del Penedès 89, **94–95**
Vilanova i la Geltrú 89, **92–93**
Villar, Francisco del 83
Villa Romana dels Munts 108

W

Wilfried der Behaarte, Graf von Barcelona 12, 25, 68

Impressum

Herausgeber: TRAVEL HOUSE MEDIA GmbH, München
Programmleitung: Dr. Michael Kleinjohann
Redaktionsleitung: Jens van Rooij
Autor: Elke Homburg und Thomas Staender
Redaktion: Intermag Publishing GmbH, München
Bildredaktion: Intermag Publishing
Satz: Intermag Publishing
Karten (Umschlag): ADAC e.V., München
Karten (Innenteil): Computerkartographie Carrle, München
Herstellung: Katrin Uplegger
Druck: Drukarnia Dimograf Sp z o.o. (Polen)

Ansprechpartner für den Anzeigenverkauf:
KV Kommunalverlag GmbH & Co. KG,
MediaCenter München, Tel. 089/92 80 96 44

ISBN 978-3-95689-984-3

Neu bearbeitete Auflage 2014

TRAVEL HOUSE MEDIA

Ein Unternehmen der
GANSKE VERLAGSGRUPPE

Bildnachweis

Titel: Malerisch liegen Burg und Altstadt von Tossa de Mar auf einer ins Meer hinausragenden Halbinsel. Foto: laif (Rene Mattes/hemis.fr/laif)

Rücktitel: links: **Huber Images** (Gräfenhain); rechts: **Huber Images** (Gräfenhain)

E & B: 61 – **Elke Homburg:** 8 unten, 24/25, 29, 32/33, 36, 50, 65, 77 – **Huber Images:** 5, 16/17, 42 (Gräfenhain) – **Gerold Jung:** 52/53 – **Hannes Kautzky:** 11 oben – **laif:** 6 links, 63 (Gaultier/REA), 6/7, 37, 66, 68/69, 70 (Lange), 72, 77 unten (Xavi Gomez), 78, 79, 85, 86, 87, 131 (Miquel Gonzalez), 41 (R. Celentano), 54 oben (Heiko Specht) – **LOOK:** 7 oben, 9 unten, 10 oben, 11 unten, 45, 48/49, 74/75, 82, 88, 114, 9 oben (Jan Greune) – **Mauritius Images:** 10 unten (Hubatka), 30 oben (Coll), 35, 55, 107 (A.G.E.), 69 (Poehlmann), 90/91 (Photo Bank), 118 (S. Pearce), 31 – **dpa Picture Alliance:** 15 unten (Jorge Zapata) – **Schapowalow:** 4 – **Shutterstock:** 58 (Marques) – **Süddeutscher Verlag/Bilderdienst:** 12, 13, 14 (2), 15 oben, 20, 112 – **Klaus Thiele:** 98 oben und unten, 119 – **Martin Thomas:** 30 unten, 38/39, 40, 47, 59, 84, 90 unten, 91, 96, 105, 109, 110, 111, 128, 135 – **Thomas P. Widmann:** 8/9 oben, 19, 21, 22, 23, 25, 26/27, 27, 28, 32, 34, 46, 51 (2), 53, 54 unten, 56, 58, 60, 64, 71, 73, 80, 81, 92, 93, 94, 95, 97 (2), 98 Mitte, 101 (2), 102, 103, 104, 106, 108, 115, 117, 120/121, 122, 123, 130, 132, 133